Q&Aで学ぶ
心理療法の考え方・進め方

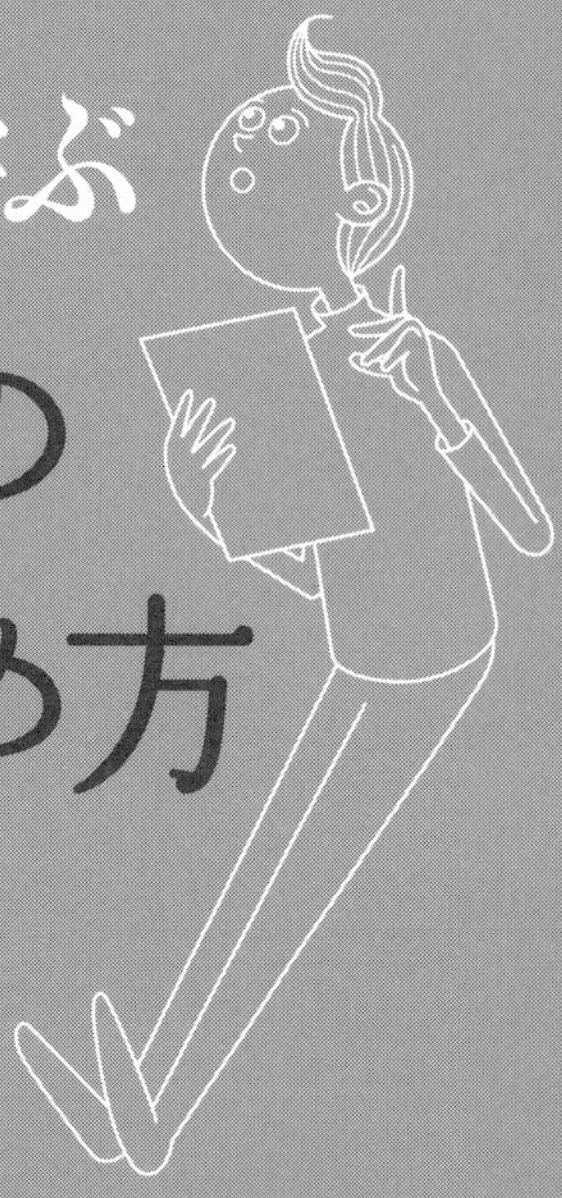

竹内健児 著

創元社

まえがき

今は昔、臨床心理士なる資格の未だなかりし頃、大学四年生の三月のことだった。大学院進学がすでに決まっていた筆者は、先輩の後任として、四月からある機関で週に一度非常勤セラピストとして勤め、プレイセラピーをするという話をいただいた。そして、三月末にはいきなりインテーク。二時間くらいしか眠れずにその機関に出向き、マジックミラーの向こうから先輩たちに見守られながら（監視されながら?・）、三歳〇ヵ月の女児のインテークを行った。クライエントにとってだけでなく、私にとってもまさに「初回」面接であった。インテークは単独で行ったが、継続となってからは、クライエントである子どもとセラピストが一人ずつ固定されたペアを組み、五組が大きなプレイルームで同時にプレイセラピーを行い、同じ時間帯に別室で母親たちがグループ面接を受けるという構造だった。大学院附属の相談室での事例担当は秋からで、スーパーヴィジョンを受けられるのもその時からというスケジュールだったため、秋までの半年間はスーパーヴィジョンを受ける機会はなく、五人の先輩からのアドヴァイスが頼りだった。他の四組のプレイセラピーを一つの部屋の中で観察できたこともまた、とてもよい経験になった。お陰様で、その最初の事例は、その子が就学するまでの三年間、無事に（?）継続することができた。ある意味、幸運なスタートを切らせてもらったと思う。

その後、臨床活動は自分なりに真面目に、地道に取り組んできたつもりだが、もちろん順風満帆にいくはずもない。三〇代後半からは、スーパーヴィジョンを自分がする側になり、大学院で指導をするようにもなったが、初心セラピストだった頃、不安や戸惑いを覚え、時に恐れを抱き、情けなさと悔しさと申し訳なさに苛まれていたことを今も忘れてはいない。本書は、「やる気はあるけど、どうしたらよいかわからず戸惑っていた」若かりし頃の自分への、現時点での回答でもある。

いつの頃からかは自分でも定かでないが、セラピーやスーパーヴィジョンをしたあと、考えたことや自分の口から出てきた言葉をときおり書き留めておくようになった。本書はこれまで書き溜めたメモをまとめて、Q&A形式に編纂し直したものである。主な読者として想定しているのは、大学院生や修了後間もない駆け出しの人たちである。しかし、心理職に就いてからの数年間は心理検査やデイケアなどの業務がほとんどだったため、異動や転職に伴って急に心理面接をすることになったという人もいるだろう。また、初心セラピストの指導をすることになった「初心指導者」たちにも、自分の考えと照らし合わせながら読んでいただけたらと思っている。

初心者には、特定の学派の研修以前に受けるべき、「基礎の基礎」の研修があると思う。その意味で、なるべく学派フリーの書き方を心がけたつもりでいる。とはいえ、元来は力動的立場に立っているので、とりわけ見立てに関しては、その傾向が強く現れているだろう。

心理面接をしながら、「こういうとき、実際にはどう言えばよいのだろう」と悩むことは少なくない。そこで本書では、こんな言い方もできるかもしれないという具体例をできるだけ多く入れ込むことにした。セラピストの発言を〈　〉(山カッコ)で表記して強調した理由はそこにある。

ここに書いたことが唯一の正しい答えであるなどと主張するつもりはない。他のセラピストは、自分の経験や拠って立つ理論に基づいて、これとは別の見方ややり方を取るだろう。私自身も、基本形としてはこのように考えるが、事例によってはこれと異なったやり方をするだろう。第一章は「心理臨床家としての歩み」としたが、その意味では、本書は「私の」これまでの歩みを記したものにほかならない。それがもし他のセラピストにも役立つ部分があるとすれば、嬉しい限りである。

Q&Aで学ぶ　心理療法の考え方・進め方　目次

第一章　心理臨床家としての歩み

第二章 心理療法という援助

第四章 インテーク

11 他機関につなぐ

第五章　対話の進め方

けてしまうような気がするので、あまり考えないほうがよいような気がするのですが。

Q128 量的に示されたものがあればわかりやすいのですが、主観を用いて見るというのはどうすればわかりやすいのかがわかりません。

Q129 引っかかりをもつには、どうすればよいのでしょうか？

Q130 クライエントがある話を始める前に「これを言うかどうか実は迷っていたんですけど」と前置きをしてから話しはじめました。なんでわざわざそんなことを言ったのか、わかりませんでしたが、ちょっと気になりました。

Q131 クライエントは何かをまとめて話そうとしたのですが、うまく行かず「何が言いたかったのかわからなくなってきました」と途中で話すのをやめました。これもまた何かを意味しているのでしょうか？

Q132 普段はあまりしゃべらない人が、あるときなぜかよくしゃべったので印象に残りました。これはどう考えればよいでしょうか？

Q133 あるとき、クライエントは「そのことは話したくありません」と強く否定しました。無理に聞くつもりはさらさらなかったので、それを尊重しました。三回後になって、こちらから促したわけでもないのに、話したくないと言っていた秘密を自ら語りはじめました。あの強い否定は何だったんだろうと不思議に思います。

Q134 ある回の最初に「今日は話すことがない」と言っていたクライエントが、その回の後半になって自分の子ども時代の辛かった体験を語り出し、「あれ、話すことがないと言っていたのになあ」と思ってしまいました。これはどういうことでしょうか？

Q135 面接している最中、なぜかある事例だけとても眠たくなります。睡眠不足というわけでもないですし、他の事例ではそんなこともないのですが。

Q136 クライエントの話を聞いていると、なんだか孤独だなあと思って寂しくなりました。クライエントは「寂しい」とか「孤独」だとか言っているわけではないのですが。

Q137 クライエントの話を聞いていて、感じることはあるのだけれど、なかなか言葉にならず、心がモヤモヤすることがあります。言葉にしないといけないと思うのですが。

Q138 セラピストとクライエントの関係をしっかりと見るようにとよく言われますが、とても難しいことのように思います。

Q139 最近、クライエントが遅刻を繰り返すようになりました。その遅刻の意味を考えるのに、何回目に何分遅刻したというのを一覧表にまとめてみたのですが、よくわかりません。どんなふうに考えたらよいのでしょうか？

Q140 引っかかりをもってその意味を一つ考えてみたのですが、その見方に自分が引きずられそうな気がします。

Q141 可能性を複数挙げるというのは大変な気がします。どうすれば複数の可能性を挙げられるようになるのでしょうか？

第七章　枠が揺れるとき

本文挿画✤野津あき　装画・装丁✤濱崎実幸

Q&Aで学ぶ　心理療法の考え方・進め方

第一章 心理臨床家としての歩み

初めてのことは誰しも不安なもの。深呼吸をしてみよう。しかしまた、クライエントも不安な思いをもってやって来る。それを受けとめるのが私たちの仕事である。
そもそも自分はなぜ人の心を支援する仕事に就こうと思ったのか。それをもう一度思い出してみれば、苦しみを抱えるクライエントとしっかり向き合おうという覚悟が決まるのではないだろうか。

1　初めての心理療法

Q1　**初めて事例を担当することになりました。いよいよだという思いもありますが、本当に自分にできるのかと不安も覚えます。**

A1　**勇気と熱意と謙虚さをもって臨む**

初心者が初めて事例を担当するとき、不安を覚えるのは当然です。面接をうまく運営できるか、意味のあることができるか、自分が関わったためにクライエントをかえって傷つけてしまわないか、などなど。もしこうした不安を覚えない人がいたら、むしろ心配になるくらいです。この場合の不安は、慎重さの表れでもありますから。

不安のあまり、できれば担当するのをもう少し先延ばしにしようと、いろいろと言い訳をして、なかなか事例を担当しようとしない人もいます。しかし、すでにけっこう勉強してきたのですし、他の人もやっているのですから、あなたにもできないはずはありません。そもそも、心理臨床家になろうとしたのは、ある意味事例を引き受けるためなのです。

それに、必要なときには大学院の教員、スーパーヴァイザー、先輩たちなどからのサポートが得られます。自分が求めれば、師や先輩、同世代の仲間との関係は「一生もの」になりえます。心理臨床の仕事は、他の仕事と同様に難しい仕事ですが、こうした支え合いがある点ではとても恵まれているとも思います。あとは勇気と熱意と謙虚さをもって第一歩を踏み出してください。

とはいえ、勉強しはじめてみたら、事例を担当するだけの準備が整っていないことが露呈してくる人が実際にいないわけではありません。その場合は、教員と相談してみてください。

✤　✤

Q2 いよいよクライエントと会うことになりました。いろいろ不安もあって、とても緊張しています。緊張を和らげる方法はありませんか?

A2 想像を広げること、先回りしすぎないこと

何年セラピストをやっていても、クライエントと初めて会うときは、やはり多少は緊張するものです。お会いするまではどんな人かわからないし、予想を超えたことが起きるかもしれないからです。

クライエントに会うまでに、電話申込で得られた情報を持ってスーパーヴィジョンを受けてみましょう。得られた情報からさまざまな可能性を想定しておくと、落ち着いた対応ができると思います。わずかな量の情報であっても、そこから多くの仮説が立てられることもわかるでしょう。また、不安な点を口に出して、それをスーパーヴァイザーに受けとめてもらえば、安心もできるでしょう。

担当が決まったら、一度、使用予定の面接室に一人で入り、自分が座る場所にしばらく座ってみましょう。時計などの備品の位置を確認したり、クライエントとの距離感などを確認しておけば、緊張も少しは和らぐはずです。

しかし、いざ本番というときには、「ともかく話を聞いてみないとわからない」と腹をくくることも大事です。不安になるのは、クライエントよりも先に自分がクライエントのことをわかっていなくてはならない、と先回りして思っているせいでもあるのではないでしょうか。クライエントのことはクライエントに聞いてみないとわかりません。

少しずつ経験を積んで、セラピー場面で起きていることを理解できるようになってくるにつれて、い

ずれは肩の力が抜けてくると思います。しかし、すべての事例は個性的であるともいえ、そういう意味では、完全に慣れることはありません。人と会う仕事であり、何が起きるかわからないわけですから、まったく緊張しないということはありませんし、よい意味での緊張感は保っておく必要があります。

✤　✤

Q3　自分よりもずっと年上のクライエントを担当することになりました。「こんな若僧に何がわかる」と思われはしないかと不安です。

A3　関係ができると徐々に気にならなくなる

確かに、若い初心カウンセラーの場合は、人生経験の乏しさから引け目を感じることもあるでしょうし、自分よりも年齢が上のクライエントと会うときには、「自分より若い人に何がわかるのだろう」と思われはしないかと心配になるでしょう。そして、実際にそう思うクライエントもいることでしょう。

しかし、こんな例もありました。あるクライエントは、息子や娘のような年齢のセラピストを相手に、最初は若い人を指導するといった態度で関わっていました。ところが、回を重ねるにつれて次第に自分の弱さを見せるように変化し、さらに「若い人には私のような人はどう見えるのか」と尋ねて、その答えを参考にするようになっていったのです。徐々にセラピストとして認められるようになったといってよいでしょう。要は、焦らずに、謙虚さをもって耳を傾け、自分の考えを伝えることを地道に繰り返していくことです。

✤　✤

Q4　初回面接の最後、今後の継続について話し合っているときに、クライエントから「先生は大学院生なんですよね」と言われました。だからダメだとまで言われたわけではありませんが、私が担当してよいのだろうかと気が引けます。

A4 卑屈になるよりも前向きに努力すること

「先生は大学院生なんですよね」と言われて、もし実際にそうなら、もちろん、まずは事実そうであることを認めます。大学院附属の相談室の場合は大学院生が事例を担当することがあるというシステムの説明をしてもよいですが、すでに知っていて言われたのだとすれば、そうした説明を繰り返すことにあまり意味はありません。なぜならその場合は、セラピストが初心者であることへの不安を表明しているのであって、システムについての説明を求めているわけではないからです。

こうしたときに、セラピストが初心者であることに引け目を感じることは理解できます。経験量からすれば未熟であることは確かなのですから、そのことは認め、初心者であることの謙虚さを忘れないようにしたいものです。

ところが中には引け目を感じるために、さまざまな防衛戦略を用いる人が出てきます。例えば、無能に思われることを恐れ、自分の未熟さを隠すために、難しい専門用語を並べ立てて賢そうに見せたがる人がいます。難しい言葉を並べても、決して尊敬はされないのですけれど。

初心者であることを指摘されて、何度も〈すみません〉と謝るセラピストもいます。しかし、それがクライエントの望むところではないように思います。謝られてもクライエントは困ってしまうだけかもしれません。中には、卑屈になって謝り続けることで、逆に責任を逃れようとする人もいるくらいです。謝ることが誠実な態度であると単純には言えません。

それではクライエントは、どう答えてもらったら一番安心するのでしょうか。例えば、自分が大学病院で治療を受けることになり、担当が新米の研修医になったとしましょう。正直、若干不安な気持ちになるかもしれません。そうした不安をもっていることをわかってほしいという気持ちも湧いてきます。一方では、ちゃんとベテラン医師の指導を受けているのだから大丈夫だと安心しようとするところもあります。とはいえ、どんな偉い先生に指導を受けているにしても、この医師自身が一所懸命やってくれないと困るわけです。こうしたことから考えれば、〈初心者だから大丈夫かな、とご心配ですか？　でも、先生方に指導を受けていますので大丈夫です。それにこうして縁があってお会いすることになった以上、私もお役に立てるように一所懸命努力するつもりです〉という言い方も一つでしょう。

セラピストが初心者か経験者かだけですべてが決まるなら、初心者のところには誰も続けてやって来ないはずですが、実際には多くのクライエントが継続して通ってきています。なぜでしょうか。クライエントはおそらく継続していくうちに、「あの先生は初心者だけど、熱心だし、話も親身になって聞いてくれる。悪くないな」とか、「今まで誰にもわかってもらえなかった気持ちをわかってくれるので、スーッとする。これなら続けて来れば変われるかもしれない」というように感じているのでしょう。信頼関係が築けるようになると、セラピストがベテランであるか初心者であるかといったことはさほど気にならなくなってくるのだと思います。たとえ年配のカウンセラーであっても、力量がなければ「あの先生は年を食っているだけだ」と評価されるに違いありません。初心者であることを指摘された場合は、引きすぎず、防衛のために偉そうにすることもなく、前向きに頑張る姿勢を伝えることです。

さらに視点を変えましょう。そもそも、なぜクライエントは「先生は大学院生なんですよね」と言ったのでしょうか。セラピストが初心者であれば、そのことを不安に思うのは当然だと言ってしまえばそうかもしれませんが、もしかしたらそのクライエント独自の理由がその言葉の背後に隠れているのかもしれません。ですから、「先生は大学院生なんですよね」と聞かれたら、〈そうですが。そうだとしたらどう感じられますか？〉と聞き返して、それに対するクライエントの話を聞くのです。そこからクライエントについての理解が深まる話が出てくることもあるはずです。

✤　✤

Q5 クライエントと関わることで、私なんかが影響を与えてしまってよいのだろうかと怖くなることがあります。

A5 影響を与えることを恐れない

セラピストの反応がクライエントの心に影響を与えることに怖さを覚えるのはわかります。下手に影響を与えないようにという謙虚さは必要なことです。ただ「影響を与えない」ということが実際にありうるかと言えば、それは無理でしょう。心理療法は人間関係を通した心の作業ですから、「同じ条件の下で同じ方法を用いれば誰がやっても同じ結果になる」ことはありません。つまり、人の影響は排除できません。また、セラピストは、「平等に漂う注意」とか、「受容・共感」と言っても、話の一部に焦点を当てることもありますし、ある話には大きくうなずき、ある話にはそれほどでもないということもあります。そうしたセラピストの細かな反応をクライエントが「選択的な注意」と受けとめることは避けられないでしょう。細かく見れば、そういう形でも影響を与えています。

しかし、こう考えてみましょう。クライエントには、他の人と同じく主体性があります。他者からの影響は受けても、他者の思い通りにはなりません。その点で、クライエントをむしろ信頼すべきだと思います。「関わる」ということは、お互いに影響を与え合うことで、それは他の人間関係でも一緒です。その結果どのような道を選ぶかは、クライエント自身が決めることです。セラピーはその選択と決定を手助けする弁証法的な過程なのです。影響を与えることを恐れず、自分がしたことに責任をもちましょう。

✤　✤

Q6 毎回いろいろと失敗してしまいます。それでも来てくれているクライエントに申し訳ない気持ちでいっぱいです。

A6 クライエントもセラピストを受容している

「受容」というと、クライエントをセラピストが受容することや、クライエントが自己受容すること、それを可能とするためにセラピストが自己受容することが言われますが、実際にはもう一つ、クライエントがセラピストを受容するという受容もあるのだと思います。子が親を、生徒が教師を、スーパーヴァイジーがスーパーヴァイザーを受容している（あるいは大目に見ている）ように、クライエントもセラピストを受容しています。クライエントはセラピストから受容されるだけの存在ではありません。セラピストは、一方で有能であろうと努力しますが、それでも完璧にはなりえません。さまざまな場面で「しそこない」をします。にもかかわらずセラピーが継続するのは、セラピストがクライエントに受容されているからです。

このことは実は、クライエントにとっても意味のあることかもしれません。人に完璧さを求めて、ちょっとでもアラが見えたら人間関係を切ってきた人が、セラピストのしそこないを大目に見て、セラピストを受容できたとすれば、それだけでも大きなことです。クライエントの受容する力を信頼し、受容してもらえているならそのことに感謝しましょう。

✤　✤

Q7 セラピーのときは、どんな服装が望ましいのでしょうか？

A7 威圧感のない、真剣味の伝わる服装で

しばしば質問を受けるので、服装は初心者にとっては気になることなのでしょう。大学院で指導する教員の中にもさまざまな意見があるようですが、私は特にこうでなければならないということはないと

思っています。とはいえ、何でもよいというわけではありません。極端な例を挙げればわかりやすいでしょう。例えば、軍隊を連想させる迷彩色の服を着たり、髑髏マークの入った黒のTシャツを着て、肩や腰には金属製の尖った装飾具を巻きつけているというのはどうでしょう。受容的、共感的に振る舞うべき心理療法家として、人を威圧する格好は相応しいとは思えません。また、アロハシャツに短パン、サンダル履きというような服装はどうでしょう。いかにも遊び着といった感じで、真剣味が伝わらず、苦しみを語りに来ているクライエントからすれば違和感があるでしょう。裏返して言えば、威圧的でなく、親身になって相談に乗る姿勢が伝わる、落ち着いた印象の服装であれば何でもいいということだと思います。

初心カウンセラーで、クライエントに応じて服を変えたほうがよいのではないかと言った人がいました。「この人には柔らかい感じの服装で」といったことのようでしたが、一日に何人もの異なるクライエントに会うとなれば、着せ替え人形のように着替えることは現実には無理でしょうし、個別に対応することが大事だというのは、そういう意味ではないでしょう。

逆に、毎回同じ服装のほうがクライエントは安定するのではないかと言った人もいました。確かに、セラピストの服装がファッション・ショーのように毎回あまりにもめまぐるしく変化するとしたら、そのために不安定になるクライエントも出てくるかもしれません。セラピストが突然全身真っ赤な服を着て現れたら、カラー・ショックを受けるクライエントもいるでしょうから、過度に斬新な服装は避けるようにすべきでしょう。しかしだからといって、制服のように毎回まったく同じ服装にしなければならないということはありませんし、実際に無理な話です。

✤　✤

Q8 セラピストはどのような言葉づかいをするのがよいでしょうか？

A8 丁寧であっても慇懃無礼でないこと、打ち解けても馴れ馴れしくないこと

言葉づかいはクライエントのパーソナリティ、話し方、クライエントとセラピストの関係によって違ってくるので、なかなか一概には言えません。原則は、丁寧ではあっても慇懃無礼でないこと、打ち解けても馴れ馴れしくないことではないでしょうか。

クライエントに「自分は尊重してもらえている」という感覚をもってもらえるような丁寧な対応が必要です。あまり人から大切にされてこなかったように感じている人にとっては、丁寧な言葉づかいで対応してもらえるだけで新鮮に感じることもあるでしょう。しかし、〈＊＊様は～でございますか？〉というような丁寧すぎる言い方だと、逆に距離ができてしまい打ち解けて話すことが難しくなります。また一方では、親しさを勘違いして、馴れ馴れしい言葉でしゃべりすぎ、距離の取れていないケースも見受けられます。言葉づかいを考えることは、クライエントとの適切な距離を考えることにほかなりません。

✤　✤

Q9 面接室には椅子が四脚あるのですが、どこに座るかは、クライエントに自由に決めてもらったほうがよいのでしょうか？

A9 セラピストの座る場所は、自分で決めてかまわない

クライエントにどこに座るか先に選んでもらって、それに応じて自分が座る椅子を決めるというセラピストもいるようですが、私の場合はそれでは私自身が落ち着かないので、私が座る椅子はつねに固定しています。

どこに座っても自由ですよということが、来談者中心ということではありません。そう言われても、

かえって戸惑うクライエントも少なくないでしょう。むしろ、先導すべきところは先導して、「ではこちらにおかけください」と座る位置を指定するほうが安心する人が多いのではないでしょうか。

✤　✤

Q10 セラピストには、面接中にメモを取る人と取らない人がいると聞きました。どちらがよいのでしょうか？

A10 基本的には取らないほうがよいが、職場の事情にもよる

私の場合は、インテークのときは記録用の紙を持って入り、クライエントの許可をもらった上で、話を聞きながらメモを取っています。初回には、いつ、どこで、誰がといった事実関係について、数字の正確さを求められる情報が多く語られるため、忘れないように書き記しておくのです。つまり、それは主にアセスメントのための情報収集という観点からのことです。継続面接が始まったあとは、できれば、メモを取らずに耳を傾けることに集中し、あとで記録を取るのが望ましいと思います。メモを取っていると、どうしても間が空き、話の流れが途切れがちになりますし、言葉を返すことよりもメモを取るほうに気を取られてしまうためです。また、クライエントは、セラピストが自分がしゃべったことの何をメモし、何をメモしなかったかに敏感になり、それが対話に影響を与えてしまうこともありますし、クライエントによっては、記録を取られていると萎縮し話しにくいと感じる人もいます。私自身は、これまで職場によって面接中にメモを取っていたときと取っていなかったときがあります。メモを取っていたのは、担当事例数が多く、あとでまとめて詳しい記録を書くのが追いつかなくなったときです。背に腹は変えられぬといった感じでした。いずれにしても同一の事例において、メモを取ったり取らなかったり、その度ごとに違うのは好ましくありませんので、その点は一貫させましょう。

中には、記録として残してほしくないとはっきりと言う人もいます。例えば、家系図が複雑なのでメ

モを取ろうとしたら、書かないでほしいと言ったクライエントがいました。そうしたときは、もちろんメモを取るのはやめます。逆に、何も書き留めないセラピストに対して、「何も書き留めないなんて、本当にやる気があるのか疑わしい」と言ったクライエントもいました。その場合には、なぜ書かないのかを簡単に説明した上で、書いたほうがよいと思う理由を尋ね、納得がいけば、そのクライエントの面接に関してはメモを取るということもあるでしょう。ただし、クライエントがメモを取ってほしいと言うにせよ、取らないでほしいと言うにせよ、そこには何らかの思いが込められているかもしれません。メモするかしないかの判断だけでなく、そのことを巡って話し合う態度も大切です。

✤　✤

Q11 記録にはどのようなことを書き込むべきでしょうか?

A11 記録は四つの要素から構成される

記録は、「クライエントの発言」「セラピストの発言」「セラピストによる観察」「セラピストの内的体験（感じたこと・考えたこと）」の四つから構成されます。そして、記録を書く際には、この四つの構成要素をはっきりと区別して記述します。例えば、クライエントが実際に語ったことなのか、それともセラピストが推察したことなのかがわかるように書きます。当たり前のようですが、実際にはこうしたことが曖昧になっている記録が散見されます。

四つの構成要素を区別するための記述の仕方としてよく用いられるのは、セラピストによる観察を地の文章で書き、クライエントの発言を「　」、セラピストの発言を〈　〉、セラピストの印象や推察を［　］で括る場合や、クライエントの発言を地の文章で書き、セラピストの発言を〈　〉、セラピストによる観察を（　）で、セラピストの印象や推察を［　］で括る場合などがあります。ただしこれは、他のやり方であっても一向にかまいません。

気をつけて書いているつもりでも、ときに、クライエントとセラピストの発言の記号が逆になるなどの失錯行為が見られますが、これはこれで意味がある場合があります。例えば、クライエントとセラピストの間に何らかの融合が見られたり、セラピストの中の心理的葛藤が現れて、どちらがクライエントかわからなくなったりするような場合です。

✤　✤

Q12 記録にセラピストの内的体験を書いておくのはなぜでしょうか？

A12 心理療法はセラピストの心とクライエントの心の相互作用によるもの

客観的な記述のためには主観的なことを一切排除するほうがよいのではないかと言う人もいます。しかし、心理療法はセラピストの抱いた印象や、連想、推察、感情によって動いていく部分があります。そのときセラピストがクライエントの言動やその背後の意味やニュアンスをこうつかまえ、こう感じ、こう考え、こう判断したからこそ、セラピーがこう動いた、ということも少なくありません。ですから、セラピストの主観が書かれていなければ、なぜセラピーがそう動いたのか、わからなくなってしまいます。別の言い方をすれば、主観を書き添えておくほうが、その場で起きていたことをより正確に記述することになるのです。

看護・介護記録などに用いられるＳＯＡＰ形式（Ｓは主観的データ、Ｏは客観的データ、Ａはアセスメント、Ｐは計画・立案）の記録は、他職スタッフとの情報共有には役に立つでしょうし、仕事をしましたという公式記録としては意義があると思いますが、クライエントとセラピストの内的体験を詳細にたどる目的には向きません。

以上のことをどれだけ強調するかは、学派によって異なるでしょう。力動的な立場では、セラピストが見た夢のうち、これはこの事例に関連するのではないかと思われるものを記録に残しておくこともあります。

✤　✤

Q13 記録はできるだけ正確に、客観的に書こうと思うのですが、実際問題、どれだけ正確に書けているのか疑問に思うことがあります。

A13 記録の意識的・無意識的な取捨選択を自覚する

確かに、クライエントの発言、セラピストの発言、セラピストの観察したことと言っても、セラピストの記憶に基づいて再現された記述です。できるだけ早く、記憶の消えないうちに書いたとしても、記憶に頼るがゆえに、一言一句正確に記述するのは無理な話です。録画や録音をしてあとで文字に起こせば、字面は正確に書けるでしょうが、声のトーンや間合いも含めたニュアンスまで正確に記述できるわけではありません。観察したことを言語化する際には、経験を言葉で切り取るわけですから、経験したことと言葉との間にズレが生じることは避けられません。たとえ陪席者がいて、速記したとしても、よほど速記に精通した人でない限り、速記者のバイアスがかかります。ですから、「ありのまま」の事実の記録というものはありえないということになるでしょう。記録されるのは、あくまでもセラピストが受けとめて心に残った事柄です。そこで生じている事柄であっても、セラピストが気に留めなければその情報は記憶には残りません。このように、客観的に書いたつもりの記録でも、情報が不可避に取捨選択されていることは否定できません。ですから、大切なことは、取捨選択が意識的・無意識的になされていることを自覚することです。

ただ、できるだけ多くのことを正確に思い出して書けば書くほどよい記録かというと、そう単純なものでもないと思います。すぐに書かずに、少し間をおいてから、それでも思い出されることを書くとか、「結局、何を話したんだろう」と先に考えて重要だと思われることを短く書き留めていくという方法もあります。忙しい職場ではこのほうが現実的とも言えるでしょう。ただ初心者のうちは、応答の練習を目的にスーパーヴィジョンを受ける際には、逐語録として、できるだけ詳細な記録を書いたほうがよいでしょう。また、忙しい職場の人でも、この事例については特に詳しく記録を残しておこうと思う場合もあるはずです。

さて、記憶を書き終えてから二、三日後にふと、そういえばこんなことも言っていたなと思い出したり、スーパーヴィジョンを受けているときに思い出したりということがあるものです。容易に思い出せないのは、記憶力のこともあるでしょうが、セラピストにとって受け容れがたい内容だった可能性もありますし、実はクライエントがある程度までは話しながらもまだ何かを隠しているために、腑に落ちず、記憶に残らなかったといったことも考えられます。思い出しにくかった理由は何なのか、それをなぜ今思い出したのかを考えてみると、何かのヒントになるかもしれません。

2　セラピストとしての個性・研修・将来設計

Q14 心理療法について学ぶ中で、こうしないといけないとか、こうしてはいけないというのをいろいろ学んできました。しかし一方で、経験者の話を聞くと、皆それぞれ自分のやり方でやっていて、統一されているわけではないようです。「自分のやり方」というのがあっていいんでしょうか？

A14 「これが私のスタイルだ」という自分の基本形をもつ

心理療法は心の作業です。作業の進め方には個性があり、皆が同じようにはできません。そこで、セラピストはそれぞれ「私はこういうときには基本的にこうする」という「自分の基本形」をもっています。それは、自分なりの作業手順や作業を進める上での大雑把なルールやスタイルなどからなっています。他のセラピストとの関係でいえば、それぞれの「個性」ということになりますし、自分自身との関係でいえば、ある程度の「一貫性」ということになります。

心理療法はクライエントの個別性を大切にするので、セラピストが行う作業は当然事例ごとに異なったものになります。とはいえ、すべての事例において対応を一から考えていたのではいくらなんでも効率が悪いので、何か他に条件が加わらない限りは基本形を適用します。その際、そうした基本形をもつに至った理由を一回一回振り返るわけでもありません。それに、すべてを自覚的に作ってきたわけではなく、「いつの間にかできていた」という面もあります。その理由を意識的に考えてみる機会もいずれ訪れるかもしれません。

✤　✤

Q15 基本形をもつと、我流に陥ってしまうのではないかという心配が出てきます。そうならないために注意すべきことは何でしょうか？

A15 「これが私のスタイルだ」と開き直らないこと

「基本形をもつ」とは、私のスタイルから一歩も出ないという意味ではなく、むしろ自分が自分の基本形に従わない場合もあるということを意味します。心理療法はその時、その場での工夫の連続ですから、基本形をもった上で、事例に応じて柔軟に対応していくのです。基本形でないやり方をするときには、なぜいつもと異なる方法を用いるのかという理由を明確にします。この事例ではこういう理由で基本形と違うことをしていると自覚できていれば、対応に筋が通っているので不安にならずに済みます。また、新たな経験を通して、基本形自体が修正されていくこともあります。

要は、「これが私のスタイルだ」と言えるものをもちながら、「これが私のスタイルだ」と開き直らないことです。この開き直りは固さにつながります。基本形は、修正に対して開かれた柔軟性を備えたものである必要があります。

✤　✤

Q16 セラピストの個性は良くも悪くも作用するものだと思います。悪い方向に作用しないためにはどうすればよいでしょうか？

A16 人の目を通して、セラピストとしての自分の個性を知る

確かにセラピストの個性はセラピーに影響します。ですから、影響していることを自覚して、それをよく見ることが大切です。では、セラピストとしての個性を作っているものは何でしょうか。その第一は、セラピストとしての関心領域（指向性）です。どの学派、どの職域、どの発達段階、どんな疾患や問題行動に特に関心があるかといったことです。これは、心理臨床家を目指すきっかけとつながっている場合もありますし、研修の経過の中ではっきりしてくる場合もあります。第二は、実際に受けた教育です。大学院や指導教員、スーパーヴァイザーの志向性によって、ともかくいったん身につけるものは違ってきます。第三は、セラピストとしての実際の臨床経験があります。どんな現場で、どのような経験を積んだかがセラピストの個性を作ります。第四は、セラピスト個人のもともとの性格や価値観です。これにはセラピストの人生経験も影響します。セラピストの人生経験だけでセラピーができるわけではないからこそ専門性を身につけるわけですが、人生経験が何の役にも立たないかといえば、そんなこと

はありません。セラピストも他の人と同様に人生経験から多くを学んでいます。人生経験を過信することは慎むべきですが、人生経験はセラピストとしての個性を成し、セラピーに影響を与えます。
セラピストとしての自分の個性を知るには、今挙げた要因について自己分析してみるのも一つですが、自己分析には限界もあります。ですから自分の個性を知るには、「人の目を通す」ことが必要です。スーパーヴィジョンや教育分析を受けたり、事例検討会で発表して意見をもらうことは、セラピストとしての自分の個性を発見することにつながります。

コラム

セラピストとしての個性を作る要因

①指向性
②受けた教育
③臨床経験
④もともとのパーソナリティ

Q17

事例検討会などで、先輩たちの考え方や対応のしかたを聞くと、専門性って何なんだろうと思ってしまいます。専門性を身につけることで、何か対応が非人間的になっている感じがするのです。もっと普通に振る舞ってもよいのではないかという気がしてくるのですが……。

A17

専門的であると同時に人間的である境地を目指す

専門性を身につけなくても、「普通の」人間性だけで、心理臨床の現場を訪れる人たちの支援ができるかというと、そう簡単なものではありません。昨日まで見ず知らずだった人から心の奥の秘密を打ち明けられ、その人に何か役立とうとする状況は、決して普通の状況ではありません。しかも、相手は一人ひとり違うので、同じ対応を機械的に繰り返すことはできません。だからこそ、大学院まで進んで専門性を身につけるわけです。実践を始めてみれば、それでも足りないことを実感するはずです。この仕事についている限り、勉強は続きます。

ただ、専門的であろうとし過ぎると、人間的であることを忘れてしまうということは確かに起こりえます。冷徹な態度になったり、対応のしかたが硬くなったりということもあるでしょう。非人間的になるくらいなら専門性など身につけないほうがよいのではないか、という気持ちもわからないではありません。

基本的な専門性を身につけていく過程では、確かに専門的であることと人間的であることとが矛盾するように感じられることはありますが、さらに臨床経験を積み重ねていくと、その二つがだんだんと矛盾なくできるようになってくると思います。専門性を身につけた上で自由に振る舞えるようになってくる、といえばよいでしょうか。その境地を目指して前進してほしいと思います。

✤　✤

Q18 事例を担当する中で、ヒントを得ようと本を読むのですが、そこに書かれている考えに引きずられてしまいそうで、読まないほうがよいのかなという思いに駆られることがあります。どう考えたらよいでしょうか？

A18 影響を受けることを恐れない

本に書かれている考えに引きずられることは確かにあるかもしれません。だからといって、読まないという方向に行くのでは勉強になりません。引きずられてしまうのは、わずかな数の本しか読まないからだと思います。たくさん読むと、いろいろな考えがあることがわかって、一冊の本に引きずられなくなります。読まないようにするのではなく、たくさん読むことを通して引きずられないようにするのが正しい姿でしょう。

そもそも、学ぶことは影響を受けることです。影響を受けることを恐れるのではなく、よい意味での批判精神をもちながら、「確かにそうだ」と思ったことは自分の中に取り入れていくことです。

✤　✤

Q19 経験を積む中で、理論どおりにはいかないと感じることが多々あります。だとすると、理論を学ぶ意義は何なのだろうと疑問に思ってしまったのですが……。

A19 理論と実践の合流を目指す

確かに、実践は理論どおりにはいきません。学部生の頃から理論を学んで、事例についてキレのある分析をしていた人が、大学院に入って実際に臨床活動を始めたとたんにキレが悪くなってしまうことがあります。ああも言えるし、こうも言えるということがわかってきて、それまでのように断定的な調子でものが言えなくなってしまうのでしょうか。自分の臨床経験と、理論とが結びつかないことによるジレンマを感じているのかもしれません。

時々、「理論の信者」に出会うことがあります。そういう人の話は、事例の断片の一つひとつを理論的な専門用語に逐一置き換えて、なんとなく見かけは立派になっていますが、クライエントの生身の人間性が消えてしまっています。理論を学ぶ中で、自分もその道の専門家として認められたいという願望をもつのはわかりますが、臨床実践は自己愛を満たすためにやっているわけではないはずです。目の前の「このクライエントに役に立つ理論を使う」のであって、「クライエントを理論に押し込める」のではありません。「理論上はこうなるはずなのに」という思考は、理論の側に立って事例を見ています。

実践家に必要なことは、事例の側に立って考えることです。この事例においては、「この事例に使える理論こそが重要」なのであって、理論に当てはまらない事例があるなら、理論のほうが修正されなければなりません。その意味で、われわれは皆、既成の理論を書き換える役割をもっています。

さて、実践は理論どおりにはいかないとしても、決して臨床経験だけが大事で理論は必要ないなどと言っているのではありません。理論には、その理論を立てたセラピストが自ら経験を積む中で深く考えた知恵が凝縮されています。私たちが臨床経験を積みながらそうした理論の勉強を続けていくと、経験と理論はやがて、おそらくは何年単位のことだと思いますが、後に合流してきます。この理論で言われていることは、こういう意味だったのかということが、実感としてわかる時が来ます。また、なぜ自分がその理論に関心をもっていたのかが見えてくることもあります。それが真の意味での生きた理論であり、その時から自分自身の言葉で、説得力をもって語ることができるようになるのです。

✤　✤

Q20 エヴィデンスがあると言われる技法を用いても、やってみると実際にはうまく行かないことも少なくないように思いますが、これはどう考えたらよいでしょうか？

A20 基礎研究と臨床実践をつなぐ

臨床実践を積む中で「実験や調査の研究結果からするとこうなるはずなのだが」という疑念を抱く人もいるでしょう。エヴィデンスがあるとされる技法を用いてもうまく行かない場合、まずはその技法をうまく使いこなせていないということも考えられますが、もう一方では、エヴィデンスがあるといわれていることが何を意味しているかを考えてみる必要があると思います。

基礎研究では条件統制ができますが、実際の事例には多くの条件が複雑に絡み、矛盾や曖昧さが含まれています。そのため、実践の場では実験場面のように条件統制をすることはできず、むしろ混在する多様な条件を考慮に入れなければなりません。とりわけ、クライエントとセラピストとの関係性の要因は、間主観的な要素が入るだけに、自然科学的な思考だけでは説明がつかないところがあります。

また、エヴィデンスがあると言っても、一〇〇人なら一〇〇人すべてがそれに当てはまるという結果が示されているわけではありません。ある技法を用いて、仮に「一〇〇人の被験者のうち、七五人に効果が見られた」とすると、その技法の高い有用性を示しているにしても、二五人には効果がなかったことを同時に意味しています。すなわち、この結果は傾向を示しているのであって、法則ではありません。そして、臨床現場において大事なことは、「他ならぬこのクライエントにこのやり方が当てはまるか否か」ということです。研究上有意差があったのだから、このクライエントにも当てはまるはずだなどとは決して言えません。このクライエントの場合は当てはまるかどうかを判断する力がセラピストに求められるのです。

さて、臨床心理学の基礎研究は、臨床現場とのつながりを見通してやることが大切だということを付け加えておきましょう。もちろん、すぐに現場で応用できる研究だけが重要なのではありません。ですが、その場合も、現場のどういう問題につながっているのかを考えながらすべきであると考えます。学会への貢献のためではなく、クライエントの福祉や社会への貢献のためにやっているのですから、先行研究との関連においてしか意味をもたないような、基礎研究のための基礎研究にならないようにしたいものです。

✤　✤

Q21

事例検討会で初めて発表することになりました。レジュメの最大の枚数が決められているのですが、面接の回数がけっこう多いので、なかなか短くなりません。どこを削ればよいか考えるのですが、どこも大事に思えてきます。自分が気づいていないことを指摘してもらうには、できるだけ多くのことを書いておいたほうがよいように思えて、削ることができません。

A21 粗筋を考えて肉付けする

長い記録を短くするのは大変なこと。それよりも、まずはそのケースについて自分なりの粗筋を考えてみてください。そしてそれを肉付けする形で書き進めるほうが、伝わりやすい発表資料になると思います。「あなたのやっている事例はどんな事例ですか。その事例について二分で説明してください」と言われたら、何と答えるでしょうか。一〇分なら長すぎて要約にはなりません。例えば、「何歳の男性で、主訴はこうで、どういう経路で来て、どこどこでこういう診断名がつけられていました。インテークのときの話からは、クライエントはこういう状態に置かれており、心理的背景としてこういうことがうかがえました。そこで、こういうことを目標にこういう方法でこういう構造でお会いしていくことになりました。現在まで何回継続しています。経過としては、最初の頃はこういう話が中心で、こんな状態でしたが、途中こういう変化が起き、現在ではこうなってきています。セラピストとの関係は最初の頃から一貫してこうでですが、最近では多少このような変化が見られつつあります。私はこのクライエントに対してこういう気持ち（ぐっと来た／「そういうことか」と初めて気持ちがわかった気がした／「なんで？」と疑問に思った／イライラした／ほっとした／不安を覚えた／怖くなった、など）が湧いてきたことがありました。また、この回のこの部分で私なりに踏み込んでみました。これまでのセラピーを振り返ると、できていることはこういうことで、残っていることはこういうことだと考えています」のような形でまとめてみましょう。

要は、話の内容の推移を踏まえ、状態像（症状や問題行動など）の変化、セラピストとクライエントの関係性の変化、心理学的理解の深化をとらえ、自分のセラピストとしての関わり方を振り返り、これまでの成果を評価することです。この粗筋に基づいて、それが経過の中のどこに現れているかを例示していけば、削るのではなく肉付けする作業になるはずです。

Q22 事例検討会で発表することになりました。でも、何を言われるか不安です。厳しいコメントをもらっている人も見てきましたので、正直ちょっと怖いです。

A22 等身大の自分で／事例検討会にもマナーはある

事例発表のときに、実際にやっていないことまでやっているかのように見せたがる人がいたりしますが、できる人だと思われようと、実際以上に自分を大きく見せないようにしましょう。そうすれば、気負いから来る緊張は小さくなります。また、実際にやっていること、できていることがあるのですから、変に卑屈になるのはやめて、堂々としていましょう。言われたことを全部跳ね返してやろうなどと身構える必要もありませんし、全部呑み込む必要もありません。「確かにそうだ」と思えば受け入れればよいし、「違う」と思えば反論すればよいのです。一言で言えば、「等身大の自分で臨む」ということです。

確かに、中には必要以上に厳しい事例検討会もあるように思います。事例検討会だからといって、発表者に対して、何を言ってもよいなどということはありません。相手の心をえぐるような発言は当然、控えるべきでしょう。知り合いの発表者に対して日頃思っていることをこの時とばかりにぶつけようとする行為もマナー違反です。セラピストが事例検討会を通して支えられ、それがクライエントの利益につながる——事例検討会の真の目的はそこにあります。事例検討会に出席する人は、限界をもった人間同士として、互いに敬意を払うべきです。ともすると同僚のやっていることに厳しすぎるのは、もしかすると自分自身ができていないことを他者の中に見つけて批判しているのかもしれません。

ただし、お互いに褒め合うだけの「甘い」事例検討会では、逆に得るところは少ないでしょう。切磋琢磨は必要です。先ほどの言葉に付け加えれば、限界をもちながらも努力を続ける人間同士としてお互いに敬意を払うのです。マナー違反の厳しさは困りますが、発表することで自己に直面することの厳しさは、避けようがないものです。この二つの厳しさをしっかりと区別して、後者は自分がひと回り大きくなるための試練ととらえましょう。

事例検討会で発表をして、支えられ体験をする人も少なくありません。まったく気づけていなかったことを指摘してもらって、視野がパーッと開け、以後の方針が固まったと前向きになれることも多いはずです。それに、発表のための資料をまとめるだけでも、いろいろと気づきが得られるもの。怖がらずに前に進みましょう。

✤　✤

Q23　スーパーヴィジョンは、大学院時代に、大学院の教員に何度か受けたことがありますが、修了後は受けていません。でも、どうしても受けなければならないものなのかどうか。正直に言うと、自分の好きなようにやれない気もして、抵抗があります。

A23　スーパーヴィジョンの役割は、心理的支え、理解の深化、個性の発見

「スーパーヴィジョン」という名でどのようなことが行われているかについては、スーパーヴァイザーの考え方、やり方によって実際にはかなり違いがあるようです。また、スーパーヴィジョンも一つの人間関係ですから、同じスーパーヴァイザーでもスーパーヴァイジーによってその中身は変わってきます。

「スーパーヴィジョンなど受けなくても、私はやっていける」という態度の初心セラピストに出会うと、とても危惧を覚えます。自分はちゃんとやれていると思っている人でも、スーパーヴィジョンを受けてみるといろいろ指摘され、「そんな視点はまったくもっていなかったな」と新たな気づきが得られることは多々あると思います。トラブルさえ起きていなければ、やっていけているというわけではありません。自分のやっていることを人の目を通して見て、振り返ることは大切なことです。

いろいろ言われることで「自分の好きなようにやれない」ように感じることもあるかもしれませんが、

スーパーヴァイザーの役割は、スーパーヴァイザーを「スーパーヴァイザーのようなセラピスト」にすることではありません。気づきは時に、自分にとって厳しいものでもあるでしょう。自分の「悪い癖」に直面せざるを得ないこともあるでしょうから。ですが、そうした直面は、セラピストとして生きる上での宿命です。それも含めて、スーパーヴァイジーがセラピストとしてその人らしく振る舞えるように、セラピストとしての個性を発見し、その成長を支えるのが、スーパーヴィジョンの役割だと思います。

セラピストとして成長していく過程では、さまざまなことが起こります。セラピスト自身もまた、セラピーの中で、あるいはセラピー周辺の人間関係の中で自信を失い、自己否定的になり、時に傷つきます。そのようなとき、スーパーヴィジョンは、スーパーヴァイジーが自分自身を立て直し、セラピストとして生き延びていくための心の支えになるはずです。

初心の頃は特に、倫理的チェックを含めた基本的態度や技術的な面で習得しなければならないことがたくさんありますから、その点では、「指導」という側面もあります。また、「クライエント理解」「セラピスト―クライエント関係の理解を深める」というのもスーパーヴィジョンの重要な要素です。この二つの深化は、セラピーの個別性ということからすれば、決して終わりのない課題です。そして、これはスーパーヴァイザーなら直ちにわかるというようなものではなく、二人で一緒に検討していくものです。後者のセラピスト―クライエント関係の理解を深めるということでいえば、スーパーヴァイザーはセラピスト（スーパーヴァイジー）とクライエントの間で起こっていることを俯瞰する役割を取ります。これは最初のうちは自分ではなかなか気づけない部分だからです。さらに、スーパーヴァイジーにとってスーパーヴィジョンを受けることは、クライエントがセラピストとの間で体験していることの疑似体験につながります。準備する間や通ってくる道中、何を言おうかと考えたり、どう思われるだろうと不安に思ったり、実際に来てみて、話を聞いてもらえてよかったと安心したり、言われたくないことを言われて内心ムッとしたり。それら一つひとつが心理療法というものへの理解を深めるのに役立つはずです。

実際に受けてみれば、「どう考えたらよいかわからなかったが、方向が見えた」とか、「自分の態度がクライエントを苦しめている部分があることに気づけてよかった」とか、「こういうときはどうしたらよいのかがわからなかったが、わかって安心した」とか「これでよいのかどうか自信がなかったが、これでよいのだと確認できた」とか「事例に対する見方が変わったことで、うまく行きだした」といった体験になると思います。

スーパーヴァイザーの果たしていた機能は、やがてスーパーヴァイザー個人を離れ、スーパーヴァイジーに内在化されていきます。スーパーヴァイジーが「面接の途中、『こういうとき、先生（スーパーヴァイザー）ならなんて言うかな』と考えながら、話を聞いていました」と報告することが時々あります。これは、スーパーヴァイザーの機能が取り入れられてきていることを示しています。ある意味、「自分で自分にスーパーヴィジョンをする」ことができるようになってきているわけです。

コラム

スーパーヴィジョンの六要素

①セラピストとしての態度の点検。とりわけ倫理面のチェック
②技法の検討（具体的な応答、記録の書き方やクライエントとの連絡の取り方など実務的なことも含む）
③クライエントへの理解を深める
④セラピスト－クライエント関係の理解を深める
⑤スーパーヴァイジー自身の心理的支え
⑥セラピストとしての個性の発見と成長

Q24 私は以前、心理臨床とは別の仕事をしてきました。そうした他職での職務経験は役に立ちますか？

✤ ✤

A24 他職での経験が生かされる時がやがて来る

教師や看護師、あるいは一般企業の人事など、他の職業経験を積んだあとで、志をもって心理臨床の道に入ってくる人は少なくありません。心理士の資格を取ったあとの進路については、①いずれ現職を辞めて心理臨床家としての専門的な仕事をする人、②現職を続けながら、その日常業務の中で心理臨床の専門性を生かした活動をする人、③二つの専門性をつなぐような仕事をする人、の三種類に分かれるようです。もちろん、どれが正しいわけではなく、人それぞれでよいわけです。

時折、現職の専門性を強調してそれだけでカウンセラーもできるかのように思っている人がいますが、人生経験と同様、現職の専門性だけでできるわけではありません。現職の専門性に頼らずに、それとは異なる心理臨床の専門性を身につける必要があります。とりわけ、②の現職の日常業務の中で心理臨床の専門性を生かす場合は、大学院に入る前と出た後で何が変わったか、何が身についたかを明確に示せないと、資格取得は難しいでしょう。

ですが、他職の経験をもっていることは事実であり、それを否定する必要はありません。心理臨床活動をする中で、前職の経験に引きずられてそれを「邪魔」に感じるのではなく、その経験が生かされる時がやがて来るのではないでしょうか。期待も含めてそう思います。

✤ ✤

Q25 私はかつてクライエントとして心理療法を受けていました。そのことは、セラピストとしてマイナスでしょうか？

A25 マイナスではない／自己耽溺を防ぐ

かつてクライエントだったという人がセラピストになって悪いはずはありません。実際に稀というわけではありませんし、のちに有名になったセラピストの中に、かつてクライエントだったという人がいるものです。ただ、現在進行形で自分が精神疾患で治療中であるなら、自分の治療が優先されるべきだと思います。セラピストには、心の余裕や強靭さも必要ですから。気をつけたいのは、自分はかつてクライエントだったから、クライエントの気持ちはよくわかると思い込まないことです。心理療法は、自分がかつてクライエントだったというだけでできるものではありません。

かつてクライエントだったという人でなくても、セラピストを目指した動機が、自分の人生経験にある場合も少なくないと思います。この道に進もうという動機の発端がそこにあるとしても、かつての自分の問題を考える「ために」、クライエントと会うのではありません。しかし、実際には、自分自身の問題を考えるために、それに似たクライエントばかりを選んだり、クライエントの話の中から、自分の問題と似ていると思われる部分だけを抜き出したりしてしまうことが起こりえます。心理療法はセラピストが自分の心を動かす作業ですから、セラピスト自身の心の課題が活性化されやすいものです。セラピーにおける自己への耽溺を回避するには、教育分析を受けるなどして、自分自身の抱える心の課題をある程度整理し、それに自覚的に取り組むことが大切になるでしょう。

✤　✤

Q26 大学院を修了後、自分がやりたい職域ははっきりしています。しかし、その領域で常勤職につくと、他の領域の経験が積めなくなり、それもどうかなと思って悩んでしまいます。

A26 深める研修と広げる研修がある／遠回りも悪くない

やりたいことがはっきりしているなら、それに邁進するのも一つの道です。一方、やりたいことがはっきりしているからこそ、遠回りをして先に他の領域のことを学ぶのも一つです。他の領域で学んだことは必ず生きてくるし、他の領域のことも知っているということは自信にもつながるでしょう。

研修には「深める研修」と「広げる研修」があると思います。最初から特定の職域についた人は、最初のうちは、「仕事を覚える」ことが喫緊の課題でしょうから、どうしても自分の職域についての理解をさらに深めるための研修が中心となるでしょう。しかし、落ち着いてきたら、敢えて異なる職域の研修を進んで受けて、自分を広げることも大切です。異なることを学ぶと、自分が普段やっていることを距離をもって眺めることができ、そこからヒントが見つかることも少なくないはずです。何より、われわれは心について学んでいるのです。職域にしても、人の心が最初から、医療、福祉、教育、司法、産業の領域に分かれて存在しているわけではありません。便宜的な分類に縛られずに広げてみましょう。

一方、広げる研修ばかりでは、広く浅く、どれも中途半端ということになりかねません。これは自分に合っていると思えるもの、強く惹かれるものがあるなら、それを深く追求してみましょう。それによって初めて見えてくることもあるはずです。

✤　✤

Q27　自分を広げようと、これまで学んだことのない学派や、関心領域についての研修会に出てみるのですが、むしろ違和感のほうが強く、結局元々の考えに戻ってしまいます。

A27　深めるのは大事だが、狭いところに逃げ込まないようにしよう

修士課程の二年間で習った考え方ややり方からなかなか出ようとしない人がいます。新たな考え方ややり方に接しても、「それは自分が習ったやり方と違う」というだけで拒否する態度を見せるのです。一つの領域を深めることはよいことですが、自分がかつて受けた教えをそのまま鵜呑みにしているだけでは、それはただの受け身な同一化にすぎません。受けた教えをいずれは相対化して、もう一度選び直して初めてアイデンティティの名にふさわしいものになるのだと思います。中には、一つのことを深く追求しているというよりも、狭い範囲に逃げ込んでいることをアイデンティティと勘違いしているように見える人もいます。

どんな大学院でも、教員がすべての学派、職域、発達段階を万遍なく網羅しているところはありません。その意味では必ず偏りがあります。また、二年というのはそれらのすべてを学ぶには短すぎます。二年間で習わなかったことについては、修了後に自分で学んで補う必要があります。違和感を覚えることもあるでしょう。しかしそれを「大学院時代に自分が習ったことと違う」という理由だけで門前払いするのはもったいないことです。異なるやり方や考え方を主張する人は、まだ自分が着目していない臨床的事実に着目している人たちなのだと考えてみましょう。そうすれば、自分自身のありようを刷新し、ひと回り成長することができると思います。学派の違いは、臨床的事実に対する切り口の違いです。一つの学派について、一つの関心領域について深く学ぶだけでも時間がかかるのは確かですが、だからといって、他のことは何も学べないというわけではありません。学会という集団に所属することで安心感を得るのは悪いことではありませんが、異なるものを排斥することで集団の結束を固めたりせず、異なるものとの対話を続けたいものです。

指導する立場にある人がまずそうであるべきなのかもしれません。指導者は、自分たちが教えたことを忠実に守り、そこからはみ出さないようにと指導するのではなく、むしろ、大学院の間に学べなかったことを修了後に勉強してしっかりと補うようにと指導すべきだと思います。

もちろん、異なるものを学ぶことには別の大変さがあります。広げすぎて雑多なもので一杯になり、自分の中で収拾がつかなくなるということも起きうるからです。ですから、一度に多くのものを呑み込もうとするのではなく、一口ずつよく噛んで、味わいながら呑み込みましょう。

Q28 最近、以前よりはいろいろなことがわかってきて、話を聞けるようになってきたと思う一方で、途中まで聞くと、何かもうある程度見えてしまうような気がすることがあって、これでいいのかなと思ってしまいます。

A28 個別性を重視する

経験を積み、理論を学び、研究結果に触れることを繰り返してゆくと、うつ病患者にはこういうところがあるとか、不登校の生徒にはこう対応したらよいといった共通性が見えてくるものです。こうした類型的思考は、ものごとを考える枠組みをもつ上では大切です。しかし、「共通性」を見出すことに気を取られると、「個別性」がおろそかにされがちになります。

うつ病でも、不登校でも、アスペルガー障害でも、それを抱える人はみんな違う人です。私たちは、アスペルガー障害の障害特性をもった誰々さんという個性的な存在に会っているのであって、アスペルガー障害者という類型に会っているのではありません。いろいろと経験を積み、勉強する中で物事がよくわかってくるのはよいことですし、必要なことでもありますが、目の前のクライエントに接するときには、それは仮説にすぎないという心構えを忘れないようにしましょう。うつ病の人には、こういう傾向があると言われているが、この人の場合はどうだろう、と考えてみることです。そして、違う部分があるなら、それを知ることができたことを喜びとするのです。

第二章 心理療法という援助

常識はもっているが、常識に埋もれてはいない。深く感じるが、感情に流されるわけではない。冷静ではあるが、冷たくはない。心を理解しようと心に触れるが、必要以上に深入りしないし、心の中を暴き立てて喜ぶのではない。クライエントの主体性を重んじるが、クライエント任せにするのではない。曖昧さに耐える力が必要だが、明確にできることまで曖昧なままにしておくのではない。心理療法家にはさまざまなバランス感覚が必要となる。

3　クライエントの主体性とセラピストの能動性

Q29 クライエントが、心理療法を継続するかどうかで迷っています。私としては継続したほうがよいと思うのですが、無理に受けさせるわけにはいかないし、どう考えればよいでしょうか？

A29 セラピーを受ける自由・受けない自由はクライエントにある

クライエントはセラピーを受ける自由をもっていると同時に、受けない自由ももっています。心理療法は合意に基づく援助であり、受けるか否かはクライエントの意志に任されています。いったん始まったあとで、やっぱりやめておくという選択をするのもクライエントの自由です。

セラピストとしては受けたほうがよいと思っているが、クライエントに迷いがある場合、セラピストから〈私としては、続けてみられたらいいと思いますが、いかがでしょうか〉と提案してみるのも一つです。このまま何もしなければ危険があると思われる場合には、やや強く踏み込んだ言い方をするときもあるでしょう。その場合も、最終的にどうするかを決めるのはクライエントです。

✤　✤

Q30 クライエントの話の流れで、あることについてもう少し詳しく話してほしいと言ったのですが、「それについては言いたくありません」という答えで、結局話してくれませんでした。私としては必要なことのように思うので、もっと話してもらうほうがよいように思うのですが、どこまで強く言ってよいものか迷います。

A30 話す自由・話さない自由はクライエントにある

話すか話さないか、何をどこまでどのように話すかはクライエントに任されています。話すか話さないかを決めるのはクライエントであって、セラピストではありません。

このことがとりわけ問題となるのは、秘密をどこまで語るかということでしょう。これまで誰にも語ったことのない秘密を語ることは怖いものです。それに、すべての秘密を語らなければ前に進めないわけではなく、自分の中に大切にしまっておいてよい秘密もあります。一方、秘密を語ることでこれまで滞っていた感情が表出されたり、「言えた」という自信を得たりすることで、クライエントに変化が生じることもあります。必ず言わねばならないことはないし、言うことで前に進めることもある、その両方を知っていることが大切です。

また、クライエントが「話したくない」と言うとき、なぜそれを話したくないと思っているのかを考えてみましょう。これを口に出したら自分がどうなってしまうかわからないと思っているのでしょうか。セラピストにどう思われると思っているのでしょうか。誰かに悪いと思っているのでしょうか。秘密だから話したくないのは当然だ、と簡単に思ってしまわないことです。クライエントが迷ったあげくに秘密を話したあとで、秘密にしていた理由がセラピストの腑に落ちない場合は、〈そのことを秘密にしておきたかったのはどうしてですか？〉と尋ねてみましょう。もう一段、話が深まるかもしれません。

✤　✤

Q31 クライエントは、症状がまだ完全に治っていないのに、「生きる自信がついてきたので」とセラピーの終結を望んでいます。以前は、症状がすっかりなくなることを目的とすることで合意していたので、これでいいのかなと戸惑いました。

A31 最終目標を選択する自由はクライエントにある

何をセラピーの目標にするか、最終的にどのような道を選択するかはまったくクライエントの自由です。症状に苦しむ人でも、症状をなくすことを目標にするのか、症状と付き合いながら自己肯定感をもって暮らしてゆけるようになることを目標とするか、それを選ぶのはクライエントです。クライエントが「症状はあるが、生活に大きな支障があるわけではないし、生きていく自信がついたので」と言って終わりにするというのであれば、それは尊重すべき決断です。休職中の会社員がセラピーの目標を「復職を目指して」にするか、「復職するかしないかの結論を出すことを目指して」にするかは、クライエントの自由です。離婚するかどうかでクライエントが悩んでいる場合、結果としてどちらを選ぶかを決めるのはクライエントです。セラピストの役割は、よく話し合うことを通して、クライエント自身が選択し、決断できるように支えることです。

✤　✤

Q32 クライエントの自由を尊重するには、セラピストは自分の考えを捨てないといけないのでしょうか？

A32 セラピスト自身の考えはもっていてかまわないが、押しつけるのではない

セラピストは自分の主体性を犠牲にして、クライエントに奉仕しなければならないわけではありません。自分は自分の考えや価値観をもっていて当然です。人のために一所懸命になっても、自分を殺すわけではありません。ただ、その考えをクライエントに押しつけるのではありません。離婚するかどうかで悩んでいるクライエントの話を聞きながら、「もう離婚するしかないかなあ」とセラピストの心が揺れることはあるかもしれませんが、そっちの方向に導いていこうとするのはやはり違います。自分の中

にどんな考えが湧いてきているのかを自覚して、状況に応じて言葉を選んで伝え、話し合いの素材にするのです。

あるとき、非行を働いた少年から「先生は僕がやったことを、やっぱり悪いと思っているの？」と直接尋ねられたことがあります。そのときは、〈いいか悪いかで言ったら、いいとは言えないな〉とまずポーンと答えました。その上で、〈でも、いいか悪いか判断を下すために話を聞いているんじゃない。悪いことだとしてもそれをやってしまう自分がいるってことだよね。そのことを一緒に考えたいと思っているんだ〉というような言い方をしました。

✤　✤

Q33 クライエントの自由を尊重することと、クライエント任せにすることとの違いはどう考えればよいでしょうか？

A33 セラピストにはセラピーの運営責任がある

食堂に入って、カレーライスを注文したのにきつねうどんが出てきたら、客は怒るでしょう。また店員は、カレーライスを注文した人に「きつねうどんのほうがいいですよ」とは言わないし、「どうしてカレーライスなのですか？」と聞いたりもしません。この場合は、客の要求にそのまま応えることがよいサービスです。

家のリフォーム業の場合はどうでしょう。どのようにリフォームするか、客の希望はもちろん聞きます。ですが、建物の構造上、問題があるならば、客の希望どおりにはできないことを言わねばならないはずです。もし問題を認識していながら客の注文どおりにして、後で問題が表面化したら、「こうなるとわかっていたのなら、どうしてあのとき言わなかったんだ」と客に怒られるでしょう。それに対して「お客様がそうしたいとおっしゃったので」と答えるのは無責任というものです。この場合、客の要望に応えてはいるが、専門家として責任を果たしていないという意味で、良質なサービスとは言えません。素人にはわからない問題があるならば、それを伝えることが専門家として責任のある行動です。

レストランでは、客の好みに応じて「こちらのコースはどうでしょう」と薦めたり、ソムリエが「その料理にはこのワインが合いますよ」と提案することがあります。これも専門家ならではの提案です。ただし、その提案を受け入れるかどうか、最終的に判断するのは客の自由です。客は提案を受けて、「確かにそうだな」とか、「それは気づかなかった、やっぱり聞いてみるものだ」と納得することもありますが、一方で、再度自分の要望を繰り返すこともあります。こう考えると、この場合のサービスの質は、サービスを受ける側とサービスを提供する側のやり取りの中で決まるということになります。

心理療法というサービス（「サービス」という言葉に抵抗を覚える人もいるかもしれませんが）も、これと同様だと思います。クライエントの要望は尊重されますが、その要望にすべてそのまま応じれば、いつでも人間的で良心的なサービスになるとは限りません。すべての判断をクライエントに委ねることがクライエントの自由の保障というわけではありませんし、クライエントの主体性の尊重というわけでもありません。心理療法を受けるか否か、何を話し、どのような道を進んでいくかを決めるのはクライエント自身ですが、セラピーを円滑に、そして意義あるものとなるように進める運営責任はセラピストにあります。

クライエントの希望を聞いた上で、そうしないほうがよいと判断した場合、〈こうしたほうがいいと思いますよ〉とか、場合によってはもっと強く〈こうしないといけません〉と言うべきときもあるかもしれません。その上でそれを押しつけるのではなく、よく話し合うのです。ですから、自分の考えを伝えるだけで終わらず、提案後の反応をしっかりと受けとめることが大切になります。

✤

✤

Q34 心理療法では待つことが大事だと言われます。その一方で、「カウンセラーに相談したが、待つように言われただけで他には何も言ってもらえなかった」というようなクライエントの不満の声を耳にすることもあります。これはどう考えたらいいのでしょうか?

A34 焦りは禁物、一方で能動的な働きかけが必要なこともある

待つのは、クライエントが問題に取り組む中で、クライエントの心の中で何かが動き出し、変化が起きてくるのを、セラピストも含めて周囲の者が下手に邪魔せずに「見守る」ということです。人の心が変化するにはある程度時間がかかります。顕著な変化がなかなか現れないと、本当に変わるのだろうかと不安になったり、クライエントに対して申し訳なく感じたりすることがあるものです。そこでこうしたらどうですかと言ってあげたいと思ったり、言わないと大変なことになるんじゃないかというような不安が生まれてきたりします。

しかし、こんな例もあります。焦りを感じて、何かを言いたいのはやまやまだったけれども、言葉を呑み込み、クライエントの話を共感的にしばらく聞いていたところ、あるとき、クライエントが「実はこうしてみました」と自ら動き出したことを語ったのです。そのとき、セラピストは「あのとき自分から言わなくてよかった、やっぱり待つことは大切だ」と実感したそうです。

変化がまだ現れていなくても、今、クライエントが自分の心理的課題に取り組んでいることが感じられるときは、変化が目に見えるようになるまで辛抱強く待つことも必要です。焦りは禁物です。セラピストがその動きを邪魔せずに待っているうちに、クライエントが自ら気づき、自分で道を選び、自分で歩み出していくことがあります。そうした姿を見るとき、その変化は本物であると感じられますし、要らぬ介入をしなくてよかったと実感させられます。

クライエントの負担を軽減する意味で、なるべく長引かないようにするという考えは間違ってはいま

せんが、そのために「強行突破」してクライエントの主体性を無視したり、せっかくの変化の芽をかえって摘んでしまうようなことが起きないようにしなくてはなりません。つまり、この場合の〈待ちましょう〉は、〈焦って動いて変化を邪魔したりせずに、待ちましょう〉ということです。

心理療法が「うまく行った」ときは、その過程で起きたさまざまな要素が集まってきて味方してくれたような感覚を覚えるものです。「待つだけでよい」というのはこうしたことを、強調する言い方です。実際には、「待つ」と言っても本当に何もしていないわけではありません。目に見える行動はとっていなくても、ああだろうかこうだろうかと心を動かし、時にそれを言葉で伝えます。そうやって、クライエントが自分の心理的課題に取り組み続けることを支えていきます。それは医師が外科手術という人事を尽くし、あとは本人の生命力と運命の力に任せるのと同じです。何もせずにすべては天命であると言うのは無責任ですが、すべてが心理療法家の起こした作用であるというのは逆に不遜でしょう。

一方、「待つだけでよい」という言葉をあまり字義どおりに受け取ると、先のようなクライエントの不満となって現れることにもなります。〈待ちましょう〉と言われても、クライエントは何をしてよいかわからず、ただ無為に時間が経過するのを待つことにしかならない場合は、カウンセリングの進め方についての説明を改めてしたり、クライエントの要望を聞いたり、カウンセラーの見立てを伝えたり、あるいは、もっと目に見える形の技法を使うなど、能動的な働きかけが必要になります。心の変化には「変える」という能動的な部分と「変わる」という自然の摂理に従った受動的な部分とがあるのです。

✤　✤

Q35 **セラピーの最中や終わったあとで、「受け身に話を聞いているだけでいいのだろうか」と不安になるときがあります。**

A35 **能動性も大事。ただし、行動化ではなく**

クライエントに指示を与えることなく、環境に働きかけることもなく、話に耳を傾けるだけでは受け身すぎるのではないかと気になることもあるでしょう。傾聴することは心理療法の基本ですが、セラピストが能動的に関わる場面も実際には決して少なくありません。うまく話せるだろうかと心配しながら来たクライエントに対してセラピストが的確に話を聞き出すことにも、能動性は含まれていますが、それだけではなく、一歩踏み込んで自分の考えを伝える、変化の生じやすい技法を工夫する、他のスタッフや他機関と連携するといった、より能動的なかかわりも必要です。

こういうときはどうするものなのか、どうすればよいか、どうすることができるのか、が本当にわからず途方に暮れているクライエントの場合には、〈ではこちらから提案ですが……〉と言うこともあります。どうするかはクライエントの自由ですが、クライエントから距離をとり、どちらでも好きにしたらいいというような我関せずの態度になってしまっては、心理療法になりません。不可侵でなければなりませんが無関心であってはならないのです。

ただし、能動性の意味をはき違えないことが大切です。セラピー場面での手応えのなさを、電話をしたり、どこかに出かけたりすることで解消しようとし、その能動性に自分で満足してしまう危険性もあります。セラピストの行動化を能動性と勘違いしてはならないでしょう。

✤　✤

Q 36　危機的状況にある人が連れてこられました。顔は青ざめ、全身を震わせて「もうだめだ」と声を上げています。基本的対応として、どのような配慮をすればよいでしょうか?

A 36　安心できる雰囲気の中で、さまざまな可能性を探る

まず何よりも、安心できる雰囲気を作ることです。ともかく、ゆったりと話を聞きます。場合によっては、お茶を出すようなこともよいかもしれません。大変な状況だけれど、それでも大丈夫だというセラピストの落ち着きが、クライエントを安心させます。その上で、さまざまな可能性を探ります。人は危機のときにはどうしても視野が狭くなり、八方塞がりのように思ってしまいがちです。それでも、セラピストが〈家族はいますか？　協力的ですか？　相談はできますか？〉とか、〈例えばこうしてみるのはどうなんでしょう？〉と可能性を探っていくうちに、この道なら行けそうだというのがなんとか見えてくるものです。クライエント本人があまりに混乱し、判断能力を失っているときには、判断機能の肩代わりとして、セラピスト側から〈じゃあ、こうしましょうか〉と提案することもあります。そして、当面やるべきことを具体化し、確認します。紙に箇条書きにして手渡すのも一つでしょう。

第三者と協働する必要があるときは、軽いフットワークで動きましょう。時にはセラピストが他部署や他機関に電話をして、段取りをつけることもあると思います。誰が何をするか、役割分担を明確にする必要があります。チームで動くのは大事なことですが、非専門家が混ざる場合には、協議する中でかえって不安が煽られてしまうようなことも起こってきます。無用な大騒ぎにならないように、冷静に対応しましょう。

4　治療的距離

Q37 「私のことを親身に考えてくれるなら、どうしてずっと一緒にいてくれないんですか」とクライエントに言われて、答えに困ってしまいました。

A37 心理療法という援助は限定的なもの

「なぜ他の場所で会ってくれないのか」とか、「なぜお金を払わなければやってもらえないのか」といったことをクライエントが言うことがあります。心理療法という援助は、「いつでも好きなときに来て、好きな時間だけ話して帰っていただいてかまいません。しかも料金は無料です」という顧客サービスとは違いますし、日常生活そのものを直接に支える生活支援でもありません。その意味で、心理療法は、心理的側面に焦点を当て、一定の時間、集中的に行う形の限定的な援助です。

先ほどの質問に答えるとすれば、こんな言い方もできるでしょう。〈親身に考えているからこそ、いずれ自分の力で自分を支えられるように、時間と場所を決めて集中して取り組んでいるんです。今はそれを支えとして、いずれはその支えを必要としなくなるようにね〉。これは自助の力の回復を強調する言い方です。セラピストは、自分が行っている援助がクライエントの成長に役立っているか、クライエントが依存しすぎて、かえって成長の妨げになっていないか、クライエントの自立を焦りすぎて突き放していないか、などを点検しながら進める必要があります。

ところで、このクライエントは、どうしてセラピストにこうした願望を向けなければならないのでしょうか。この願望は、元々はいつの時代の誰に向けられた願望なのでしょうか。もしずっと一緒にいるとしたら何をしたいのでしょうか。ずっと一緒にいるという願望を満たすことではなく、その願望について、その願望の背後にある苦しみについて話し合って、その苦しみを乗り越えることを支えるのが心理療法です。

✤　✤

Q38　**高校でスクールカウンセラーをしています。誰も友達がおらず、寂しいと訴える一年生の女子生徒から「友達になってもらえませんか」と言われました。何と答えたらよいのか自信がもてませんでした。**

A38　**セラピストが友達になるのではなく、友達ができるように支援する**

セラピストとクライエントとの関係は、ある作業目的を全うするための共同作業者の関係です。その関係が近づかないことにはセラピーになりませんし、近づきすぎてはかえってセラピーになりません。二人の関係を有益なものにするには、最も適切な距離を探る必要があります。これが「治療的距離」と言われるものです。この場合、〈私が友達になるのではなくて、この部屋の外で友達ができるように一緒に考えていきたいと思っているんだけど〉と答えるのが基本だと思います。

ただ、それだけだと冷たい印象を与えるかもしれません。友達がいない寂しさへの共感は必要でしょうし、〈こうやって週に五〇分、心を打ち明けて話をしているという意味では、心でつながった関係とは言えるだろうけどね〉と付け加えて、積極的な面を強調するのもよいでしょう。

✤　✤

Q39 クライエントから「電話番号を教えてもらえますか」と聞かれた場合は、教えることはできないと答えたらよいのでしょうか？

A39 答えてもよい個人情報と答えるべきではない個人情報を区別する

クライエントがセラピストの個人情報を聞いてきた場合、一口に個人情報と言っても答えられることと答えられないことがあるので、分けて考えてみましょう。住所や電話番号など、直接に連絡が取れてしまうような情報については伝えることができません。私的な生活に支障を来たすこともありますし、最悪の場合、自分の身に危険が迫ることもありえますから。（自殺の危険がある場合には、連絡先を教えているセラピストもいるようですが。）一方、例えば、「先生は臨床心理士ですか？」と尋ねられたとしましょう。これは自己開示を求められてはいますが、答えてよい質問だと思います。「何歳ですか？」「兄弟はいますか？」「結婚していますか？」などの場合、ケースにもよりますが、答えることのリスクが低い場合には、答えることもあると思います。

ただし、答える場合も、それだけで終わりにせず、〈何か気になりましたか？〉〈どうしてそれを聞きたいと思ったんですか？〉と質問の意図を尋ねます。「いえ、別に」と答える人もいますが、質問の意図を教えてくれる人もいて、そこから話が広がっていくこともあります。質問にあっさりと答えてから〈どうしてですか？〉と聞く場合もあれば、質問に納得いかない場合は、先に理由を尋ねて納得がいけば答えるということもあります。個人情報を聞くのは、セラピストに強い関心を向けてきているのか、親しい関係を望んでいるのか、セラピストのことがあまりにも不明で不安になっているのか、自分のことをしゃべりたくないので相手のことを聞くという形で抵抗を示しているのか。最後の場合であれば、質問そのものには答えず、〈自分のことをしゃべりたくなくて、私のことを聞いているような気がするんですけど〉と言ってみることもあります。

それから、人に質問するときは、そのことについて自分に質問し返してほしい場合もあります。ですから、例えば「兄弟はいるんですか？」と聞かれたら、〈＊＊さんはご兄弟は？〉と聞き返すというのも、一つの方法です。

✤　✤

Q40 クライエントは自分のことを打ち明けるのに、セラピストは打ち明けないというのは不平等ではないか、そんなふうにクライエントから言われたら、どう答えればよいのかわかりません。

A40 セラピスト―クライエント関係には役割上の不平等性がある

一般の人間関係は、お互いに自分のことを語り合って親しくなっていくのが普通ですが、心理療法の関係はそれとは異なります。セラピストはクライエントのことはいろいろと尋ねますが、親しくなるために自分自身についてベラベラとしゃべることはしません。その意味で、二人の関係は確かに不平等で特殊な関係です。ですが、例えば内科の診察で医師に服を脱ぐように言われた患者は、「私だけ脱ぐのは不平等ですから、先生も脱いでください」とは言わないでしょう。その「不平等」さは、その場の役割の違いに由来するものです。心理療法の経過において、同じ人間として共感する場合など、役割を超えて対等であることを実感する瞬間が訪れることがありますが、それを目指してやっているというわけではないと思います。心理療法の終結は、セラピストとクライエントがそれぞれの役割を終え、対等な関係に戻ることを意味するという言い方もできるかもしれません。

しかしそもそも、なぜそのクライエントはセラピストとの関係を不平等だと言うのでしょうか。例えば、「（セラピストに）上から見下ろされているように感じる」とクライエントが言うとしたら、一方でセラピストとしての態度を反省してみることは必要でしょうが、人を見下す、見下されるというテーマがセラピスト―クライエント関係の中で演じられていると考えてみることも有益だと思います。

✤　✤

Q41 セラピストは自分のことをクライエントに語るのも時にはよいのではないかと思うことがありますが、やはりあまりしないほうがよいのでしょうか？

A41 自己開示することもある。ただし、セラピストが癒されるためではない

セラピストは自己開示をしてはならないかのように教科書には書いてありますが、一切してはならないということではありません。現在では、セラピストの自己開示について以前よりも寛容になってきているようです。また、セラピストも、経験を積めば積むほど、役割への（悪い意味での）こだわりが減り、自由に振る舞えるようになってくるように思います。そうしたセラピストのリラックスした態度が、クライエントの防衛の緩みにつながるのであれば、自己開示は積極的な意味をもつと言うべきでしょう。

青年期のクライエントから「先生が私くらいの年齢のときはどうだったんですか？」と聞いてくることがあります。そのクライエントが「かつて青年期を経験した人」との比較において自分自身を考えた

いと思っているなら、参考にしてもらうつもりで、ある程度積極的に自己開示することもあります。そして、〈どうだと思っていた?〉とセラピストに対するイメージを尋ねてみたり、〈どうしてそう聞こうと思ったの?〉と質問の意図を問うてみます。〈私の場合はこうだったけど、＊＊さんの場合はどうかな?〉と問いかければ、クライエント自身の自己洞察を促すことにつながります。

そもそも、今の時代、クライエントがセラピストの個人情報をインターネットなどを通じて手に入れることも可能です。厳格に秘密を守ることはそもそも無理な話なのかもしれません。

とはいえ、自分の何を、何のために、クライエントに話そうとするのかは、その個別事例の中でよく考えるべきことです。決して、セラピストが対応に行き詰まって自分のことをベラベラしゃべるわけではありません。あるいは、「共感的な」クライエントに逆に癒されようとして、自分のことを語ることも起こりえます。それでは、どちらがクライエントなのかわかりません。セラピストがそれまでの治療関係を踏み外して自分のことを語りだすとき、クライエントから見てもそれが逸脱であることは容易にわかるようです。クライエントはそうしたとき、「ん?」と怪訝な表情を見せたり、「先生、いつもと違いますね」とはっきりと言うこともあります。「私はあなたの話を聞いているより、自分の話をするほうが楽なのです」というメッセージが伝わってしまっているわけです。

また、一切答えないようにすることが大事な事例もあります。セラピストのことを聞きたがるというのが、クライエントの依存的態度を示していて、それこそがそのセラピーの重要なテーマであるのだとしたら、答えないという選択は重要です。答えないことがそのクライエントのもつパターンを浮き彫りにし、それを扱うことを可能にするからです。

✤　✤

Q42 結婚して苗字が変わりました。継続中のセラピーに影響が出ないように、結婚したことをクライエントには隠したほうがよいのかどうか迷っています。

A42 自然体で振る舞う／反応をよく見る

職業上は苗字を変えないことを選択するならば別ですが、職場でも改姓するのに、特定のクライエントには知られないように職場内の人に配慮してもらうとか、結婚指輪をその事例のときだけ外すといった「苦労」をしている人がいます。これはいかにも窮屈に思います。自分のことを何も知られないようにというのは不可能なので、もっと自然に振る舞えばよいと思います。中には、セラピストが言わなくても敏感に察知しているクライエントもいます。あるセラピストは、結婚して姓が変わったことをクライエントに言ったとたんに、「やっぱり」という反応が返ってきたと語りました。

セラピストが結婚したと聞いて、クライエントはさまざまな反応を示します。憧れのまなざしで見る人、自分も頑張らなくちゃと思って実際に努力を始める人、自分は無理なのにセラピストはいいなと羨む人、自分の結婚したときのことを思い出す人、結婚生活がうまく行くように忠告しようとする人、自分の子どもの結婚について話しはじめる人、など。ですから、結婚したことを言うか言わないかよりも、セラピストが結婚したことへの反応をよく見て、それをセラピーに活かすことはできないかと考えるほうが建設的だと思います。

✤　✤

Q43

男性のクライエントがあるとき、「最近腕立て伏せをして鍛えているんですよ」と言って腕を出し、「触ってみます？」と聞いてきました。私は女性なのでちょっと戸惑って、「いや、いや」と曖昧な返事をしてごまかしてしまいました。拒否されて傷ついていないかと心配にもなりますが、でも触るのはやっぱり違う気がするし。

A43 心理療法は心と心の交流である

〈体に触れることはしません〉とはっきり伝えるほうがいいです。拒絶されたと受け取るクライエントもいるでしょう。その場合は、まず、拒絶されたという感覚を受けとめます。そして、そもそもなぜセラピストに触れてほしいと言ったのかを考えてみましょう。性的な欲求でしょうか、甘えの表現でしょうか、力を認めてほしいのでしょうか。

セラピストに近づきたい、甘えたい、頼りたい欲求が高まってきたけれども、それをどこまでどういう形で出してよいのか、距離の取り方がわからなくて混乱しているクライエントなのであれば、セラピストのほうがその限度について線をしっかりと引いて、関わり方をクライエントに具体的に示す必要があります。そうすれば、クライエントのほうもやがてそれを理解して混乱が収まってくるでしょう。セラピストのほうが揺らいでいると、クライエントはますます混乱するしかありません。

こうした対応に対して「固いことを言う人だ」といった反応をするクライエントもいるでしょうが、〈ここは心と心で触れ合う場所ですから〉というふうに答えることもできると思います。

5 助言・情報提供

Q 44 「助言がほしい」と言われたので、〈カウンセリングでは助言はしません〉と答えたら、次の回から来られなくなって、中断してしまいました。こんなふうには言わないほうがよかったのでしょうか？

A 44 クライエントは「助言」という言葉で何を求めているのか

助言がカウンセリングの本質なのではないのは教科書に書かれているとおりです。助言で事足りるならカウンセリングは要りません。しかし、「カウンセリングでは助言をしない」という言葉が呪縛となって、助言してよいことまでまったく何も助言しない人がいます。中には、「助言をしてほしい」と言われると反射的に、まさに間髪入れずに〈助言はしません〉と答える人もいます。

カウンセリングに助言を期待してくる人は少なくありません。一般の人はカウンセリングがどういうものかわかっていないのですから、それはおかしなことではありません。助言がもらえるものと期待してきた人に、インテークで直ちに〈助言はしません〉と言えば、がっかりするクライエントも少なくないでしょう。

「助言」という言葉でどのようなことをイメージするかは、人によって異なります。まずは、助言がほしいということで、何を求めているのかを把握することが必要です。気づいたことがあったらいろいろと指摘してほしいという意味なのか、こうすれば必ずうまく行くという方法を教えてほしいということなのか、次回までの間に何をすればよいかもっと具体的な方法を教えてほしいということなのか、など。

気づいたことがあれば指摘してほしいということであるなら、それは当然することです。〈お話を聞いてこちらが気づいたことがあれば、それはお伝えしていきますよ。こんな方法もあるかなと思ったらこちらから提案することもあります。ただ、そう言われてもできることとできないことがあるでしょうから、できないときはできないと無理せずに言ってくださいね〉と言うこともできるでしょう。

どうなりたいという自身の課題が不明確なクライエントもいます。何のためにという目標が定まっていないのに、助言することはできません。その場合は、こんなやり取りになるかもしれません。「助言はしてもらえますか？」〈えーと、どうなるための助言ですか？〉「ああ、そうですね。どうなりたいんだろう」〈ではまず、それをはっきりとさせましょうね〉。

「こうすれば誰でも必ずうまく行くというような方法を教えてほしい」ということであるなら、〈こうすれば誰でも必ずうまく行くというような方法は残念ながら無いとしか言えません。人はみんな違いますからね。＊＊さんの場合はどうすればよいか、が大事なのです。それはお話をもっと伺わないとわかりません。それに、話していくうちにご自分でも気づかれることがあると思います。自分で気づいたことは自分の力になりますからね〉と答えます。

クライエントがあまりに受け身な態度を取っており、「助言をください」と言ったのであれば、こういう場合にこそ、〈助言はしません〉と答えることが大切です。そして、〈どうしたらよいかを私に教えてもらおうと、ただ受け身に待っているだけのように見えますけれど？〉と指摘して、それについて話し合います。カウンセリングは自助の力を回復してもらう援助ですから、クライエントが自分で気づき、どうするかを自分で決められるように、あえて助言をしないというのがこの場合の意味です。

✤　✤

Q45 クライエントに対して、「こうすればよいのに」と思ってしまうことがあります。〈こうしてみたら？〉とか〈こうしたほうがいいと思う〉と言うのはやはりよくないことなのでしょうか？

A45 押しつけではなく、提案として言う

助言でクライエントの人生を方向づけることはできませんし、押しつけることはできません。セラピストができることはせいぜい提案です。こう考えてみるのはどうでしょう、こうしてみるのはどうでしょう、と提案するという態度であるなら、言って悪いことはないと思います。

「クライエントにやるように言ってもできない、できるくらいならとっくの昔にやっている」とカウンセリングではよく言われますが、いつもそうとは限りません。例を一つ挙げましょう。あるクライエントが母親に対する不満を語りました。

〈で、それは直接言ってみたことあるの？〉

「ないです」

〈どうして？〉

「無理、無理」

〈無理だと思うのは？〉

「だって、＊＊だし、＋＋だし」

〈なるほど、それで無理だと思って言ってないんだね〉

「……（沈黙）……言ってみたほうがいいですか？」

〈ん？　そう思う？〉

「どうだろう」

〈一度も言ったことがないなら、言ってみる価値はあるかも。もちろん、どんな反応を示されるかはわからない。相手もあることだからね。だけど、言い方を工夫するとか、タイミングをはかるとか、そういう工夫をする余地はもしかするとまだあるのかもしれないと思うけど〉


こんなふうに言っておいたら、しばらく経って、クライエントから「母親に言ってみました」という報告がなされました。この場合のセラピストの言葉は、心の変化を活性化させるための触媒として機能したのでしょう。クライエントにしたら、そんなの絶対無理だと決め込んでいた思考が揺り動かされ、自ら進んでその方向に行動を起こし、状況が好転したわけです。セラピストはクライエントの「無理だ」と思う気持ちを受け容れると同時に、他の可能性もあると思って聞いています。つまり、セラピストは余裕をもってその事態に接しています。その余裕に支えられて、クライエントは、「もう一杯一杯だと思っていたけど、まだ余裕がある」ことに気づいたとも言えるでしょう。

Q46 どうすればより詳しい情報が得られるかとか、どこに行けば手続きができるかといった現実的な情報提供をクライエントから求められました。こうしたことにセラピストは関わってよいのでしょうか？

A46 役割分担ができるのであれば専門の人に任せるが、できないのであれば自らやることもある

例えば福祉サービスを受けるための手続などについて、情報提供をクライエントから求められた場合、支持的関わりとして、それに応じることはありえます。多職種のスタッフがいる職場では役割分担ができるでしょうが、そうでなければ心理士がその役割を現実的に果たさねばならないケースもあります。情報を提供することが心理療法という援助の本質ではありませんが、その事例全体をマネージメントするという意味においては、積極的に行うべきときもあります。「そんな情報があったのなら、もっと早く教えてくれればよかったのに」と言うクライエントや家族もいるのですから。

教えたくても情報を知らない場合は、いい加減なことを答えるのではなく、正直に〈知らない〉と答えるべきです。誤った情報を与えることでかえって混乱が生じることもあります。行政機関に問い合わせたり、インターネット等で調べてみたりするように言うほうがよいでしょう。

クライエントから情報を求められてはいなくても、「ここに行けばこんなこともできますよ」と情報をセラピストのほうから提供したくなることもあります。その場合は、なぜ教えたいと思うのかについて、一度考えてみましょう。教えるのが妥当なときもあります。一方で、教えたくなるのは、心の作業を進めることに行き詰まって、何かはっきりと形のある援助をしたいように感じているからだとか、専門家としてよく知っていることをクライエントにアピールしたくなっているからということもありえます。

情報を提供した場合、提供したことに満足するのではなく、情報を聞いたクライエントの反応に注目

し、それを話題として取り上げましょう。安心する人もいるでしょうし、宿題が出たように思って負担に感じる人もいます。その場では「いずれそうします」と答えても、一向に動こうとしない人もいます。「それを私にやれということですか」と怒り出す人もいます。その反応を扱うことは、もはや単なる情報提供ではなく、心理療法の一部です。

6　セラピーに対する疑問に答える

Q47　心理療法では、なぜ週に五〇分だけしか会わないのに変化が生じるのかと聞かれて、答えられませんでした。

A47　面接と面接の間にも作業は行われている

面接と面接の間には、何が行われているのでしょうか。それは、現実の生活を生きる時間であり、セラピーの観点から見れば、エネルギー補給（休憩）の時間でもありますが、同時に個別に心の作業を進める時間という意味ももっています。面接の終了時、セラピストは「では次の共同作業のときまで、それぞれに作業を進めてきましょう」というメッセージを暗に出しているわけです。

一ヵ月間の休みのあとの面接の冒頭、座るや否や、「それで、……」と口火を切ったクライエントがいました。まるで続きを話しているかのように。心の動きが前回の終わりからつながっていることがわかります。あるいは前回から今回までの間に一人で考えたことからつながっているのかもしれません。クライエントは、今回の面接と次の面接の間に連続性を感じています。だからこそ、週に一回五〇分の面接でも変化が生じるのです。

クライエントは、面接の時間を有意義なものにするために、面接と面接の間に、自分のことをいろいろと振り返ってみたり、今度はこんな話をしようと考えたり、夢を見たり、親であれば子どもについて細かく観察したりしています。自分の中にいるセラピスト像を相手に対話していることもあります。例えば、クライエントがその一週間に起きたことを報告し、それに対してコメントしたところ、「先生はそう言われるだろうと思っていました」と言われたことがあります。クライエントはクライエントの中のセラピスト像とすでに対話し、そのセラピスト像から同じコメントを受けていたのです。

一方、セラピストは、記録を読み返したり、何かの拍子にクライエントのことをふと思い出したり、夢に見たりしています。また、スーパーヴィジョンを受けるための資料を作り、スーパーヴィジョンを受けたりしています。

このように、面接の中で共同で作業したことを、お互いに持ち帰って面接と面接の間に個別作業を進め、それをまた共同作業の場に持ってきて一緒に検討する、その循環の中で心の作業は進んでいきます。心の作業は面接の中だけで行われているのではありません。

✤　✤

Q48 次の回までに何をしたらいいか教えてほしいと望むクライエントがいます。そうした要求には応えてよいのでしょうか?

A48 心を動かしやすく、かつ負担が少ない宿題を出すこともある

その要求が焦りやセラピストへの依存から来ているのであれば、その要望に乗らずに、そうした焦りの感情を取り上げることが大切でしょう。しかしこうした要求がいつもそうだとは限りません。前向きに取り組もうという意欲が高まっていることを表している場合もあります。そして、対話だけでは何を

しているのか手応えが感じられないので、何か形のある作業がしたいと言うクライエントもいます。そのクライエントにはそのやり方が合うのであれば、何も悪いことはありません。日記をつけるのも、認知行動療法のコラム法や活動記録表の作成も、自律訓練法の練習をするのもそうです。夢分析療法で、夢を見て、見た夢の記録を書いてくるのも、ある意味宿題です。絵を描いてくるのも、小説を書いてくるのも同じことです。どんな作業がそのクライエントに最も合っているか、つまり心を動かしやすく、かつ負担が少ないかという観点で選べばよいでしょう。

この場合の宿題は、クライエント自身ができそうだと感じられるものでなければなりません。セラピストのほうから提案をするとしても、セラピストが〈次までにこれをやってきなさい〉と一方的に与えるのではなく、〈こんなことをしてみるのはどうでしょう？〉〈どの程度だったらできそうですか？〉とクライエントと二人で決める類の宿題です。

✤　✤

Q49 心理療法では何年も通う場合があるとある人に言ったら、「いたずらに長引かせているのではないか」と批判めいたことを言われたことがあります。そうではないと思ったのですが、どう説明すればよいでしょうか？

A49 セラピーの期間はできるだけ短いほうがよいが、必要があるなら長くなるのも悪くない

心理療法には労力も時間も経済的負担もかかります。できるだけ負担は少ないほうがよいので、セラピストもいたずらに長引かせるということはありません。短期間で済むならそのほうがよいと考えています。ですから、セラピーの期間が長くなり、あまり変化がないように思える場合、セラピストは自分がやっていることをしっかりと吟味しなければなりません。

まずは、治療者側のクライエントについての理解が十分でなく、適切な対応が取れていないというこ

とを反省してみる必要があるでしょう。クライエントがセラピストに依存したがっていて、離れたがらない場合もあるでしょう。その場合はそのこと自体を取り上げる必要があります。

他方、セラピストの心理的要因によって治療がズルズルと長引いている場合があります。例えば、長く続けているほど立派であると勘違いしているとか、クライエントに依存されていると落ち着くとか、セラピーとしての程よい緊張感が伴う関係ではなく、馴れ合いの関係に陥って、ある種心地よいマンネリの関係を引きずっているとか、セラピスト自身の関心からクライエントの心理的課題をすべて洗い出して徹底的に解決したがるというようなことが考えられます。

よい関係は続いているが、それに二人ともが安住して何も起きないという状況になっているのであれば、そこに変化を促進するための適切な触媒を入れることが必要です。ただし、劇薬であってはならないので、どれくらいが適度な触媒となるかを判断しなければなりません。

その一方で、どんな事例でも短期間で終わらせることができるわけではありません。事例の背後にある問題が大きければ、それだけ解決に時間がかかります。パーソナリティの問題に取り組む場合は、その変化は急激には進みません。あるいは、何らかの障害を抱えていて、問題の完全な解消に至ることがない場合には、長年にわたって付き合っていく姿勢が求められることもあります。

そして何より、変化にはそのクライエント自身の歩むペースがあります。それを無視して急がせることはクライエントのためにはならないし、クライエントも苦痛に感じるでしょう。クライエント自身がゆっくり話を聞いてもらうことを望み、じっくり考える時間をもち、時に行きつ戻りつしながら一歩ずつ変わっていく道を選ぶならば、それを尊重すべきです。

一つの事例を長期間やっていることがセラピストとしての勲章なのではないのと同様に、どんなケースも短期間で終わらせることが勲章なのではありません。長い時間をかける必要がある事例の場合には、時間をかけてじっくりと取り組める力量がセラピストには求められます。目に見える大きな変化が直ちに見られないことで嫌気が差して投げ出すわけにはいきません。経営的観点から短期間で終わらせ、「回転をよくする」ことが求められる職場もあるでしょうが、心理療法は効率性だけを優先する態度とはなじまないものであることを理解してもらう努力も必要です。

✤　✤

Q50 セラピーの経過の中で一時的に症状が悪化することがあるとよく耳にしますが、それはどういうことなのでしょうか？

A50 問題を直視するために生じること

悪臭を放つ不快な物があり、処分に困っているとしましょう。それをポリバケツに入れ、蓋をして、蓋の周りをガムテープでぐるぐる巻きにしました。そして、その後は見ないようにしてきました。しばらくの間、異臭は漏れなくなっていたのですが、中で何かが発酵しているのか、バケツがだんだん膨らんできました。このままでは破裂してしまうかもしれないと不安になり、やはり元から断つ決心をしました。しかし、中の物を処分し、きれいに掃除し、消毒をするには、一度は蓋を開け、その悪臭に耐えねばなりません。セラピーを始めたことでかえって悪化したようになるのは、この蓋を開けたときのようなものと考えることができます。問題に取り組み、それを直視しはじめたがゆえの現象なのです。この作業には危険が伴うので、関わる人が皆、守られている必要があります。

人と実際に接してわかってもらえなかったという傷をもっていたり、人はどうせ自分のことなどわかってくれないと思い込んでいたりで、人と接することを避けてきた人にとって、避けることはさらに傷つかないための防衛であったわけです。セラピーが進み、セラピストにわかってもらうという体験が積み重なると、その防衛が緩み、人と接してみたいという気持ちが強まってきます。しかし、実際に接してみると、わかってもらえることもあれば、わかってもらえないこともあります。両方が同時にやって来るので、どちらも体験しなければなりません。ですが、わかってもらいたいという気持ちが人一倍強いだけに、わかってもらえないという部分が大きく見えてしまうことがあります。そのためにやっぱり人と接してもわかってもらえないんじゃないかという気持ちと、人と接したいという気持ちが交錯して混乱が生じ、一時的に症状が悪化することもあります。

とはいえ、ここを抜けていかないと変わるのは難しいでしょう。それを支えるのがセラピストの仕事です。そのためにはまず、今、クライエントの身にはこんなことが起きているのだということをわかりやすい言葉で伝えることが必要です。

✤　✤

Q51 クライエントから「原因は何なのでしょう?」と聞かれることがあります。これが原因です、とはっきり言えるわけではないと思うのですが。

A51 クライエントは「原因」という言葉をどのような意味で用いているか

心因の場合、因果モデルで単純に説明できないことが多いですから、〈一つの原因だけでこうなるのではなくて、きっと色々な原因が複雑に入り組んでいるのだろうと思います〉と言うこともできます。クライエントがそう尋ねるのが、「誰が悪いのか」という意味であるなら、〈原因探しが、「誰が悪いのか」という悪者探しみたいになったら、周囲の人間関係までおかしくなってしまいます。誰が悪いというようなことではないと思いますよ。原因を探るというより何が起きているのかをしっかりと見て、どうしていけばいいのかをご一緒に考えていきましょう〉とも言えます。

ただ、原因という言葉にあまり過敏に反応することもないと思います。クライエントが「原因は何なのでしょう?」と聞くとき、それは因果論的な意味での原因を指しているとは限りません。何が起きているのかわからないので説明をしてほしい、という場合もあります。それならば、その時点でのセラピストの見立てを伝える機会とすればよいのです。

✤　✤

Q52 「過去の話をしても過去は変えられないのではないですか？」とクライエントに問われました。確かにそうなのですが。

A52 過去からの解放を目指す

私ならばこんなふうに答えるかもしれません。〈おっしゃるとおり、過去に起きたこと自体は変えられません。でも、過去をどう見るかということはある程度変えられます。それに、問題はその過去に起きたことが現在まで影響を及ぼし続けているということです。言い換えれば、過去がすっかり過去になっていないのですね。過去そのものは変えられなくても、過去に引きずられることから解放されることはできるんじゃないでしょうか。そのために、過去のお話を伺っているのですよ〉。

「過去のことは話したくない」と言うクライエントもいます。それなら、それを尊重します。逆に、「過去のことは聞いてもらえないんですか？」と聞いてきたクライエントがいました。過去のことを話したかったのに、医師や以前のカウンセラーから、「過去のことはもういい、これからのことを考えなさい」と言われて疑問に思ったのだそうです。過去のことを聞かねばならないことはありませんし、聞いてはならないこともありません。聞くことが必要で、クライエントがそれを望むなら聞くまでです。

第三章 セラピストの基本的態度

「受容」が簡単にできるものなら、受容が大切だなどとわざわざ言う必要はない。受容しづらいときにこそ、受容が大切という言葉が生きてくる。「共感」もまたしかり。「純粋性」となると、言葉で説明するのは難しい。自殺・自傷行為への対応は、この三つが入り混じった応用問題である。

7 受容・共感・純粋性

Q53 受容しなければと思っても受容できないことがあります。どうすれば受け容れられるようになるのでしょうか?

A53 受け容れる器を大きくする

心理療法では受容が大切だと言われます。これは裏を返せば、セラピストにも受け容れがたいことがあるということです。受け容れがたいことがなければ、わざわざ受容が大切だなどと言う必要もありませんから。

親が寝たきりになって毎日病院に通って看病している人がいるとしましょう。熱心に看病を続けていますが、何ヵ月、何年も経つと、「この人が亡くなってくれたら、私は自由になれるのに」という考えがチラッとよぎることがあります。そしてすぐに「こんなことを考えてはいけない」と慌てて自分で打ち消します。それでも辛さに耐え切れず、思い切って身近な人に打ち明けます。そのとき、やっとの思いで打ち明けた人に対して、打ち明けられた人が、「自分の親が死んでくれたらなんて、なんと親不孝なことを考えるの。親があなたを育てるために一体どれほどの苦労をしてきたのか考えてごらんなさい」などと言ったら、言われたほうはどんな気持ちがするでしょう。こうした「立派な」道徳観をふりかざさずにいられることが受容ということです。そうならざるを得ないものとして受け容れるのです。

ですから、セラピストはある種常識を超えた価値観をもって、受け容れがたい話を受け容れる器を広げていかなければなりません。バレーボールの選手が、筋力をアップし、瞬発力としなやかさを増して、これまでよりも遠くまでレシーブできるようになるのと同じです。セラピストは日々心を鍛えることで、人の話を受け取る守備範囲を広げる必要があるのです。

器を大きくするには、人が接近しがたいものについて学ぶことです。主なものとしては、性愛、憎しみ、死の三つが挙げられるでしょう。ちなみに、これはフロイトが欲動論として語ったことに一致します。

✤　✤

Q54 不倫中の女性の心理療法をしているのですが、クライエントは不倫を続けるか否かで心理療法を始めてからもずっと気持ちが揺れています。私としては、正直に言うと、不倫はやはりやめたほうがよいと思うし、でもそう言うのも違う気がしています。

A54 受け容れがたさを自覚する／クライエントの気持ちの揺れに寄り添う

セラピストはやはり道徳的な説教をするためにいるのではありません。もしクライエントが最終的に不倫の継続を望むのであれば、その選択についてとやかくは言えません。とはいえ、倫理に触れるような問題の場合は、セラピストの心も揺れるかもしれません。受け容れる器を大きくする努力は必要ですが、どれだけ大きな器であっても、器には必ず限界があります。限界があるから器なのです。受け容れがたいことは当然あります。自分には受け容れがたいことがあるということをまず受け容れましょう。

「クライエントの心を受け容れないといけないと思うのですが、受け容れると、どこまで受け容れないといけないのかがわからなくなって、ちょっと怖くなります」と言ったセラピストもいました。受け容れられる限界が来たときは無理せずに、自分が受け容れがたいと感じていることを認めることです。

さて、この場合、セラピストも揺れていますが、クライエントも揺れています。もう腹が決まっているのであれば、心理療法に来る必要などないでしょうから。クライエントも何らかの受け容れがたさを感じているのです。ですから、不倫を続ける背景にどんな心持ちがあるのか、話を聞いてみます。正面切って〈社会的に見れば望ましいことではないと言われると思いますが、それについてはどう思いますか？〉とセラピストのほうから問う機会もあるでしょうし、もっと単純に、〈ん？　どういうこと？〉と質問を挟むこともあるでしょう。そうやって話し合うことで、セラピーが前に進むことになるのです。

逆に、クライエントから「先生はどう思いますか？」と尋ねられたとしたら、そのときは例えばこんな言い方もできるでしょう。〈良いか悪いかで言えば、褒められたことではないとは思います。でも私は、良い悪いを裁くためにお話を聞いているのではありません。＊＊さんが自分で気持ちを整理して、これからどうしていくか、結論を出すお手伝いをしたいと思っているのです〉。

あっちかこっちか、ああしたいけれどこうもしたい、あっちも嫌だけどこっちもいや、こうしたいけど本当にできるかな、といった迷いをもつことは、とても人間的なことです。クライエントがその両方を抱えて結論を自ら導き出させるように、セラピストもその両方を抱えましょう。それぞれについての思い入れを聞いたり、メリットとデメリットを検討したりする中で、セラピストには〈それは確かに迷いますねえ〉という共感が生まれてくるでしょうし、クライエントは選択と決断をしていくことでしょう。

ところで、クライエントが不倫の継続を決めた場合、セラピストはそのクライエントの決断は尊重しますが、不倫そのものを是認するわけではありません。クライエントが不倫自体を是認するように求めてきても、〈私自身はやはり不倫は望ましいこととは思っていません。ただ、＊＊さんが、ご自分で出された結論は尊重します〉と答えるでしょう。セラピストがすることはその不倫に加担することではありませんから。

✤　✤

Q55 違法行為をしていることがわかった場合は、どう対応すればよいでしょうか？

A55 受け容れてはならないこともある

セラピストは常識的見方からなるべく自由であるべきですが、とはいっても、やはり法を守るべき市民であることに違いはありません。心理的な意味合いを重視するあまり、違法行為を認めてしまうようなことがあってはなりません。これが大前提です。

しかし、打ち明けられた途端に、隣の部屋から110番通報をするかといえば、そんなことはありません。もしそうならばクライエントにとって心理療法を受けにきた意味はないでしょう。まずはクライエントに直接言うべきことがあるはずです。例えば、クライエントが酒を飲んで車を運転して来室しているとわかったとします。それは受け容れてはいけないことです。その場合は、〈ここに来るときは、お酒を飲まずに来てください。それでも飲んでしまった場合は、運転はせず、誰かに送ってもらうか、電車やバスやタクシーを使って来てください。それが守れなければ続けてここに来ていただくことができなくなります。それは私にとって残念なので、ぜひ守ってください〉というような言い方もできるでしょう。こう言うと、次からは来所前に酒を飲まなくなる人もいますし、飲んだとしても車を運転せずに来る人もいます。そんなふうに言うことがクライエントの自己コントロールの支えとなるわけですから、言ってみる価値はあります。セラピストが受動的になって止めずにいると、破壊的な動きがエスカレートしてしまうことにもなりかねません。

もっと重大な犯罪行為をすでにしてしまったという場合、セラピストがまず為すべきことは、クライエント自身が自らの意志で出頭できるように支えることです。

✤　✤

Q56 共感的に話を聞こうとしてはいますが、実はあまり共感できていないときがあります。「大変ですね」とか言ってはみるのですが。

A56 共感できないことに意味がある場合もある

共感していないのに、共感しているふりをするのは意味がありません。「大変ですね」とか、「辛かったですね」といった言葉を機械的に言うことが共感なのではありません。共感とは、相手の身になって感じることです。それができるためには、あたかもクライエントの中に入って、クライエントの目で世界を見たらどう見えるかを一所懸命想像してみる必要があります。それに基づいた「辛かったですね」には実感が伴っています。

共感ができないときには、〈もう少し詳しく話してもらってもいいですか〉と言ってもかまいません。例えば、一般的に考えて当然のこととは思えないのに、クライエントは当然のことだと思っている場合、セラピストはなぜそれを当然だと思うのかがわからず、共感できずにいるかもしれません。その背景を詳しく、具体的に聞くことで、ああ、そういうことか、と共感が一気に深まることがあります。

とはいえ、それでも共感できないことはあります。想像力には限界があります。すべてが共感できるほど、セラピストは万能ではありません。セラピストの受けとめ損ねは、必ずしもセラピストの共感能力の問題だけではなく、クライエント側の要因もあります。クライエントはまだ何かをしゃべらずに隠しているのかもしれません。もしかすると、セラピストがクライエントに対して「何だかよくわからない」と思うのは、クライエントが自分に対してよくわからないと感じていることの反映なのかもしれません。あるいは、転移の中で「共感できない人」の役をセラピストが演じさせられているのかもしれません。そうした場合、共感できないこと自体に意味があるわけです。このように、すぐに共感できないところが、その事例についてさらに理解を深めるための入り口となります。「あれ、なんでこんなに共感できないんだろう」と考えてみましょう。

✤　✤

Q57 クライエントに「体験していない人にはわからない」と言われて困ってしまいました。実際、体験していないことなので、そう言われてしまうとどう答えたらいいのかわからなくなります。

A57 想像力を鍛える／発言の意図を把握する

体験していないとわからないことは当然あります。また、それまでもわかっていなかったわけではないけれど、体験したことで初めて本当によくわかったと実感することもあります。自分自身に似たような体験があるほうがわかりやすいというのはある程度確かなことですから、「体験していない人にはわからない」などとクライエントに言われると言葉に窮してしまうかもしれません。特に若いセラピストの場合は、そんなふうに実際に言われなくても引け目を感じるところもあるでしょう。

ですが、現実問題として、一人の人間があらゆる体験を積んでおくことなどできるはずはありません。私自身は銀行員をしたことも漁師をしたことも、精神病にかかったことも、自殺未遂をしたことも、七〇歳になったこともありません。共感にとって体験が大きな意味をもつとしても、体験がなければ共感できないとなれば、共感できることなどごくわずかになってしまいます。

そこでこう考えてみます。人には想像力があり、想像力を働かせることで相手の心をある程度理解することができるのだ、と。同じ人間なのですから、じっくりと話を聞き、自分自身の多少なりとも似た体験を参照し、人がそういう状況の中に置かれたら確かにそんなふうに感じるかもしれないなあと想像することはまったく不可能なことではありません。体験していなければ何もわからないというほど人間は愚かではないのです。

したがって、セラピストは想像力を鍛える努力が必要になります。相談活動の中で多くの人の話を聞くことはもちろん、テレビや雑誌のインタヴューなり、小説なり、人の気持ちが率直に語られているものに数多く接していくことです。それを通して、「人はこんなときにはこんなふうに感じるものだ」とか「こういうときにこんなふうに感じる人もいるのだ」という経験を積み上げていくのです。

ところで、「体験していない人にはわからない」という言い方には、相互理解の可能性を否定し、人間関係を切るニュアンスがあります。言われたほうは、蚊帳の外に置かれて情けなく感じたり、反発を感じたりして、前向きに問題解決に当たる意欲が低下するように感じるかもしれません。

そもそも、どうしてクライエントはそういう言い方をしたのでしょうか？　クライエントには「体験していない人にはわからない」と言ってやりたいくらいの何らかの気持ちがあるわけです。クライエントの気持ちとズレた発言をセラピストがしたのかもしれません。その場合は〈私が気持ちを汲み取れていないように感じられましたか？〉と尋ねるのも一つです。

あるいは、自分だけがこんな辛い目にあってという情けなさや孤独感を覚えていて、そのやり場のない怒りを目の前の人に向けているのかもしれません。その場合、蚊帳の外に置かれているように感じているのはクライエント自身なのです。

また、人間関係を切る言い方をして、セラピストのやる気を見ていることも考えられます。「本当にわかるんですか？　聞いてもわからないでしょ」と言うクライエントに対しては、〈じっくりと話を聞けば、聞いた分だけわかるんです。ですからもっと聞かせてほしいんです。私もしっかりと聞いてわかるように努力しますし、＊＊さんも根気よく話をしてほしいと思っています〉と伝えることも大事だと思います。

✤　✤

Q58　**私自身、クライエントと似たような体験があるために、自分の体験に引きずられてしまいそうな気がします。**

A58　**その体験の中でクライエントはどのように感じたのかを確認する**

体験があるほうが共感しやすいことも多い一方で、似たような体験があるがために、自分の身に置き換えてわかったような気になり、それがかえって邪魔をして、間違った理解につながってしまうことがあります。

似たような体験をしても感じ方は人それぞれ違うし、背景にある問題も異なります。大切なのは、その体験の中で他ならぬそのクライエントはどのように感じたのかという、個別的な内的体験を聞くことを忘れないようにすることです。

✤　✤

Q59 何かにつけうまく行かないこと、失敗したことを語って「自分はこんな奴なんですよ、ダメですね」と自分を卑下してばかりのクライエントに対して、〈それは辛いですねえ〉と言っても、あまり進展しない気がしてしまいます。といって、〈そんなことありませんよ〉と言っても変わるわけではないですし……。

A59 「自分を責めている自分」と「責められている自分」の両方に共感する

自分のことを肯定的に思えない感情については十分に共感が必要です。しかし、〈辛いですねえ〉だけでは、辛い気持ちを強めているように感じるかもしれません。セラピストが一緒に沈み込み、いったん底を打って一緒に上がってくるプロセスを共にすることで、変わっていけるクライエントも一方にはいます。しかし、沈んだら沈みっぱなしで、カウンセリングに来ても先が見えないと失望し、来ても意味がないように思うクライエントもいます。ですから、セラピストはクライエントの自己否定的な感情に引きずられてしまうことなく、クライエントのもつ可能性を肯定的に見る目をもち、クライエントが自分のことを肯定的に見られるように手助けすることが必要です。

〈そんなふうに自分を責めたくなる自分がいるんですね。でも、それじゃあ、責められているほうの自分が可哀想な気がしますけれど……〉というような言い方も一つでしょう。卑下されている自分と、卑下している自分とを分けて、両方を見てもらうのです。そして、セラピストはその両方に共感するわけです。

✤　✤

Q 60 クライエントはよく自慢をして、同意や賞賛を求めてきます。聞いていても何が辛くて来ているのかよくわからず、共感がしにくいです。

A 60 なぜそんなに自慢しないとやっていけないのかと考えてみる

自分を認めてもらおうと思って、自分の良いところを過剰なまでに自慢する人がいます。あまりにも自己愛的で周囲が不快に思うこともあるかもしれません。そういうときは、「このクライエントは、どうしてそこまで自慢しないとやっていけないのか」と考えてみましょう。幼い頃、周囲の人からうまく共感や賞賛をしてもらえなかったというのがその人の辛さなのかもしれません。

優越性を誇示するのは、その背後に劣等感が隠れているとも考えられます。セラピストに支えられることで、クライエントが自分のもっている弱さを受け容れられるようになれば、強がる必要はなくなります。肥大した自己そのものを何とかしようとするよりも、自分の弱さを受け容れる辛さへの共感が必要なのです。

✤　✤

Q 61 クライエントは自己評価が大きく揺れる人で、一喜一憂し、それに伴って気分も変動します。それに応じてセラピストも一喜一憂していていいのかなと思うときがあるのですが……。

A 61 クライエントの振幅よりもセラピストの振幅を小さくする

共に喜び、共に落ち込む共感性は要るでしょう。しかし、同じように大きく喜び、大きく落ち込んでいたのでは、波は小さくなるどころか、逆に増幅されることもあるかもしれません。クライエントの振幅よりもセラピストの振幅を小さくするという感覚をもって接していると、クライエントの振幅はセラピストの振幅に同期するような形で落ち着いていきます。要は、セラピストは「喜んでも喜びすぎない。落ち込んでも落ち込みすぎない」ことです。

✤　✤

Q62 クライエントがある人への不満を語ったあとで、「先生もひどいと思いませんか」と同意を求めてきました。同意しないとがっかりされそうですが、同意するのも違うような気がします。

A62 同意と共感を区別する

クライエントがある人について不満を語るのを聞いていて、それが本当なら確かにひどいなあと思うことはあります。しかし、共感するとは、クライエントが批判する対象を一緒になって批判することではありません。悪者探しではなく、「どうすれば誰も責めずに問題を乗り越えられるか」を考えながら進めることは、心理療法においてとても大事なことです。

セラピストにはその批判対象が実際にどのような人であるかわかりません。ですから求められても同意はできません。セラピストが共感を示したとしても、それは「クライエントにはそう思えているのだな、だとすればクライエントにとっては辛いことだろう」ということです。

安易に同意してしまったことが、あとで思わぬ影響をもたらすこともあります。例えば、同意してもらえたと感じたクライエントが帰宅して、「セラピストもお父さんはひどいと言っていた」と父親に伝えたとしたらどうなるのでしょうか。父親が激怒して押しかけてくるかもしれません。それは父親の側から見ればもっともなことです。セラピストとクライエントの関係は、決してセラピールームの中だけで閉じられたものではありません。

「ひどい親ですよね」と同意を求められたら、〈お父さんがあなたの言うとおりのひどい人であるかどうかは、私自身はわかりません。でも、あなたがお父さんのことをそう思っていることはわかったし、だとすればあなたは辛かっただろうなということはよくわかりましたよ〉と、セラピストとしての意図を言葉で伝えます。

こう言っても、無条件な「味方」であることを期待していたクライエントは失望するかもしれません。このときクライエントがその失望から抜けられるかどうかは、無条件に味方してくれるわけではないが、気持ちはよくわかってくれるという実感がもてるかどうかにかかっているのだと思います。また、失望に伴う他者性の認識がセラピーを前に進めることもありえます。

とはいえ、すべてのクライエントが失望するとは限りません。自分に対して一方的に味方するという中立性を逸脱した行為をセラピストがしなかった点をクライエントが肯定的に評価して、かえって信頼感が高まる場合もあります。そういうときは、やはり中立性を逸脱しなくてよかったと実感することでしょう。

✤　✤

Q63 クライエントの話を聞いていると、クライエント本人よりも、クライエントに関わっている周囲の人に共感したくなるときがあります。それはやはりよくないことなのでしょうか？

A63 いったん視点を移動させて、再びクライエントの視点に戻る

周囲の人に共感を覚えることも少なくありません。クライエントとその周りで何が起きているのかを考えるためには、視点を変えてみること、周りの人からはどう見えているのだろうと想像してみることはむしろ必要なことだと思います。

ただ、そのことと周囲の人に同一化してしまうこととは別です。周囲の人にとってクライエントは困った人に思えているだろうなあと感じることと、自分がクライエントを困った人と見ることとは区別しなければなりません。もし自分の中に後者のような感情が生まれてきたのであれば、それをよく吟味すべきでしょう。いずれにしても、いったん周囲の人の視点に立ったあと、再びクライエントの視点に戻ることが大切です。

✤　✤

Q64 クライエントの辛かった話を聞いていて、こちらも辛くなり、その場で泣いてしまったことがあります。共感して一緒に泣くというのはどうなのでしょうか?

A64 温かさと冷静さと強さと

クライエントの辛い気持ちが伝わってくれば、セラピストも辛くなるのはある意味自然なことです。場合によっては、涙が溢れることもあるでしょう。そして、セラピストが一緒に泣いてくれたことを嬉しいと感じるクライエントも、中にはいると思います。ですからそれが悪いこととは思いません。

しかし一方で、辛い話をしたけれども、セラピストは動揺せずにいてくれたということが、クライエントにとって心強く感じられることもあります。セラピストの冷静さ、落ち着きによって、クライエントも、慌てふためくことはないのだなと思えて、落ち着くことができるのです。

クライエントの話を聞いていると、セラピストのほうにもさまざまな感情が湧いてきます。拒否的な感情、焦りの感情なども含めて、何も感じないようにするのは無理なことです。ただし、湧いてきた感情のままに振る舞うとなれば、自分の感情に巻き込まれているということになるでしょう。

ですから、辛い話を聞き、辛いことだと受けとめながらも、それに圧倒されない強さが要ります。自分の感情との間に距離を置くわけです。そのためには、自分の中にそうした感情が湧いていることを認めること、その感情の正体をよく見て、そうした感情が湧いてきていることの意味を受けとめることです。そして、その理解をクライエントとの関わりにどう反映させるか、どうすれば活かすことができるかと考えてみましょう。

Q65 クライエントの発言でセラピストのほうがムカッときて怒ってしまうというのは純粋性（自己一致）ですか？

A65 自分の感情に開かれつつも、開き直らず

セラピストが怒りを覚えたとき、それをそのまま伝えればいつも治療的に働くということはありません。「セラピーの中で、自然に言ったこと（やったこと）なのだからそれでいいのだ」というような言い方をする人もいますが、それは開き直りすぎでしょう。セラピストは心理の専門家なのですから、自分の振る舞いを制御し、言葉を選ぶべきです。その怒りの意味を自分で把握しようと努力し、行動としては怒りを出さないというのが、まずはセラピストとして取るべき態度だと思います。

しかし、そうは言っても、怒りの感情も含めて、セラピストとしての思いが思わず口をついて出ることはありますし、それが治療的に働くことは実際に起こります。その場合には、セラピストの純粋性が治療的に働いたと言うことができるでしょう。

一つには、セラピストのパーソナリティ、持ち味がうまく発揮されたということもあるのでしょうし、普段からその事例についてよく考え、理解しようとしていたことが、その時その場で、あることをきっかけによい形で現れたと言うこともできるでしょう。そのとき、セラピストは自分らしく振る舞い、それが何らかの化学反応を生じさせます。こうしたことは、やろうとしてできるものではなく、あるとき訪れてくるもの、と言ったほうがよいかもしれません。

「純粋性」とは、セラピストの正直さや本気さ、あるいはセラピストとしての自由と責任を意味する言葉です。正直であるとは自分の気持ちに嘘をつかないことですから、自己に開かれ、自分の心に敏感であることが必要です。

先ほども言いましたが、このような純粋性に基づく発言は、いつも治療的に働くとは限りません。セラピストは自分がそのような発言をしたのは、二人の間で何が起きているからなのか、また、自分の発言はその後セラピーにおいて実際にどのように作用したのか、そうしたことをあとで吟味する必要があります。

8　自殺と自傷

Q66　受容が大切だというのはわかりますが、自傷や他害の恐れがある場合にも、それを受け容れるべきなのでしょうか？　自殺願望をもっているクライエントに対する受容というのは、どう考えればよいでしょうか？

A66　願望をもつことは受容するが、行動に移すことは受容しない

暴力を振るった人や暴力的に振る舞おうとしている人に対しては、暴力を振るいたくなるくらいの気持ちは受容しますが、暴力を振るうことは受容しません。希死念慮のある人に対しても、死にたいという願望をもつことは受容しますが、それを行動に移すことは受け容れないというのが、セラピストの基本的態度です。

誤解されがちなことですが、受容することは受け身に流されることではありません。クライエントを危険に晒さないように、止めるべきときはしっかりと止めます。ただ、（時に援助者側の不安から）行動を止めることにばかり懸命になって、その背後にどんな辛さがあるのかを理解しようとしないのであれば、仕事の半分しかしていないことになります。クライエントからすれば、自殺したいくらいに辛いという気持ちをわかってもらえないのなら、心理療法を受ける意味はありません。

止めるときには、それが守りとして働くように止めることです。〈まあそう言わずに〉と宥めることもあるでしょうし、時には強く説得することもあるでしょう。そもそも、自殺企図のサインを察知して〈死のうと思っていませんか？〉と問いかけるのも止める動きの一つです。また、場合によっては、家族や学校、職場などに連絡することも含めて、他にも使える資源があるなら使い、二重三重の守りができるようにと工夫します。

自殺願望を抱く人の自殺を食い止める絶対的な方法はありません。セラピストのできることには、必ず限界があります。だからこそ、セラピストとしての自分に今何ができるかを考えて、できることは無理のない範囲で精一杯しておきたいものです。（とはいえ、精一杯やった、これ以上は無理だと割り切ったつもりでも、その晩は心配で眠れないこともあるでしょうが。）

これまで、クライエントに自殺されたというセラピストの話を何度か耳にしてきました。死なれたセラピストは辛いでしょう。そのときにできることを精一杯やったとしても、力が及ばなかった、と自分を責めることもあるでしょう。ただ、本人はともかく、周囲の臨床家に責められることではないと思います。

✤　✤

Q67 うつ状態の人には、〈死ぬことを考えていませんか？〉のように、自殺願望を直接に尋ねるほうがよいと習いました。しかし、「死にたい」と言われたら、その後どう対応したらいいのかがわかりません。

A67「生きられるものなら生きていたい」という気持ちに働きかける

一方には、残念ながら、誰にも相談することなく自殺を遂行する人がいます。それからすると、「死にたい」と語るために相談に来る人は、「私だって生きられるものなら生きていたい」という気持ちをどこかに抱いていると考えてよいのではないでしょうか。ですから、〈死にたいくらいに辛いのだということはよくわかりました。ですが、ご自分の中にも死ななくて済むなら生きていたいという気持ちもあるのではありませんか？　それなら、死ぬ以外の選択肢がないかどうか一緒に考えてみませんか？〉のような言い方で心理療法に誘います。

自殺したいと言う人は、自分の可能性を自分で狭め、袋小路だと思いすぎているところがあると思います。「まだ何とかなるかもしれない」と視野を広げてもらうのがわれわれの役割です。

死にたいという願望が、自分を変えたいという願望の表れである場合もあります。そんなときには、例えばこんな言い方も可能でしょう。〈君が自殺したいというのは、古い自分を殺したいということなんじゃないかな。ただ、古い自分を殺したあと、どういう新しい自分になったらいいかわからなくて困っているんじゃないのかな。どういう新しい自分になったらいいか、それをここで一緒に見つけていけたらと思うんだけど。いずれにしても、君がしたいと思っている自殺は心の中でするものであって、本当に死んでしまうのは違うと思うよ〉。

✤　✤

Q68 自殺願望のある人には、インテークの時点で「自殺はしない」と約束させることが大事だと習ったので、そう言ってみました。ところが「約束できません」という答えが返ってきてしまいました。約束できない人は引き受けてはいけないのでしょうか？

A68 約束できなくとも、死にたくなるほど辛い気持ちを受けとめることで、自殺を止める

先ほども述べましたが、自殺願望がある人の場合、「死にたくなるほど辛い」という気持ちは理解する必要があります。課題は、その気持ちと「死のうと行動を起こすこと」との間の隔たりをいかに大きくするかです。「自殺はしない」と約束することが、クライエントの守りになることは結構あると思います。セラピストにとってもそうかもしれません。

しかし、お決まりのように、「約束させればよい」とか、「約束させることが不可欠だ」というのは、ちょっと違うような気がします。否定的な話を否定的なままとことん聞いてもらい、「死にたくなるほど辛い」という気持ちを十分に理解してもらうことを通してしか、二つの隔たりを大きくすることができない事例もあるはずです。リスクもあるし、時間もかかるでしょうが、「約束できない」からといって引き受けられないことはありません。「約束はできません」と言われたら、〈わかりました。約束はけっこうです。ただ、今後、また死にたくなったとか、実際に試してみたということがあれば、それは次の回にお話ししてくださいね〉と伝えておくのも一つです。

✤　✤

Q69 希死念慮のあるクライエントに、「死ぬのは間違っていますか？　なんで自殺を止めるんですか？」と聞かれて答えに窮してしまいました。

A69 生きていてよかったといつか思えることがあるかもしれない

自ら死を選ぶことが間違いかと問われたら、私にはわかりません。自殺する権利があるか否かと聞かれれば、権利はあると言わざるを得ないようにも思います。生きることは楽ではないから、自殺を諦めることは、むしろ苦しみの選択であるかもしれません。ですが、それでも生きていれば生きていてよか

ったと思える時が来るかもしれません。それもただの可能性にすぎませんが、クライエントがいつかそう感じられるように支えていくのがわれわれの務めなのだろうと思います。ですから、〈生きていれば生きていてよかったと思える時が来るかもしれませんから〉と答えるのも一つです。クライエントによっては、「もうそんなよいことなんてありませんよ」と言う人もいるでしょう。そうしたら、〈いや、それは誰にもわかりませんよ〉と言うかもしれません。

あるいは、クライエントのことではなく、セラピスト自身の正直な気持ちを伝えるかもしれません。〈こうやって縁あってかかわりをもつことになった人が亡くなるというのは、私にとって辛いことです〉。それは私の気持ちでしかないとも言えますが、それが私の偽らざる気持ちです。

✤　✤

Q70

リストカットをしているクライエントに、〈気持ちはわかるけど、自分の体を傷つけてほしくない〉と言いました。すると、「みんなリスカはよくないって言うけど、切ると気分がすっきりするんだから、切っても悪いことではないと思う」とクライエントに言われ、何と返せばよいかわからなくなりました。

A70

切らずに生活できるようになることが目標であることを確認する

クライエントにそんなふうに言われたら、私なら、〈君の話だと、「切ったらスーッとする」とか、「心が落ち着く」ということだから、プラスの面がないわけではないのかもしれない。だからすべてを否定しようとは思わない〉とまず答えます。これはラポール形成のためにはいきなり否定しないほうがよいという意味もありますし、役に立っているか否かという視点だけであるなら、役立っている部分があることは否定できないですし、「私は悪い子だ」といった罪悪感から切ってしまっているクライエントの場合には、罪悪感を強めるのは逆効果だという意味もあります。

とはいえ、その場合も切らずに生活できるようになることが目標であることは確認します。私なら、〈だけど、君はこのままずっと手首を切って血を流しながら生きていくことが、人として、というか、生き物として自然な生き方だと思う？〉とか、〈気分がスーッとするということなら、覚せい剤を乱用している人も同じことを言うかもね。それなら、覚せい剤も悪くないことになってしまう。方法は選ばなくていいのかな？　他に方法がありそうな気がするけど。リストカットも、薬物依存みたいに、リストカット依存症のようなところがあるのかもしれないね〉などと問いかけてみると思います。もう切らないことを約束できる人であれば約束しますが、約束しても切ってしまうこともあるでしょうから、〈それでも切ってしまったときは、隠さずに正直に言ってください〉と伝えておきます。

✤　✤

Q71 リストカット以外の方法を選ぶということですが、他にどのような方法があるのでしょうか？

A71 「リストカットによる言語」を「発話による言語」に翻訳してもらう

リストカットをしていると聞いた場合、私はよく〈見せてもらってもいい？〉と尋ねてみます。今までのところ、見せてくれなかった人は一人もいません（中には嫌がる人もいると思いますので、無理はできませんが）。「いいですよ」と、むしろ自慢げに腕を差し出す人さえいます。これは切るという行為によって、あるいは傷によって、誰かに何かをわかってほしいと思っているからなのではないでしょうか。腕の傷で気持ちを伝えようとして、でも反応としては、周囲の人に怖がられたり、説教されたりで、結局はわかってもらえない。それがまたストレスとなって切ってしまう、という悪循環が見られるのかもしれません。

そこで、そのわかってほしいと思っている気持ちを、人に伝わる言葉で表現できるようになることがクライエントにとっての課題になります。自傷行為が感情を吐き出す唯一の方法であったところから、他のより適応的な方法を見つけてもらうのです。感情を言葉でとらえられるようになれば、自分でもよくわからない衝動に動かされてしまうことなく、行動の前にワンクッションを置くことができるようになります。

〈そうやって手首を切って、周りの人にアピールすることで、自分がいかに苦しいかを周りの人にわかってもらおうとしているんじゃないのかな。でも、手首を切ることで伝えようとしても、叱られたり、怖がられたりで結局はわかってもらえない。それがまたストレスになってまた切ってしまう。悪循環になってない？　だから、手首を切るというやり方で伝えようとするのではなくて、人に伝わる言葉にして伝えられるようになったらいいと思うんだ。すぐにじゃなくていい。ゆっくりとでいいからね〉。いわば「リストカットによる言語」を「発話による言語」に翻訳してもらうのです。

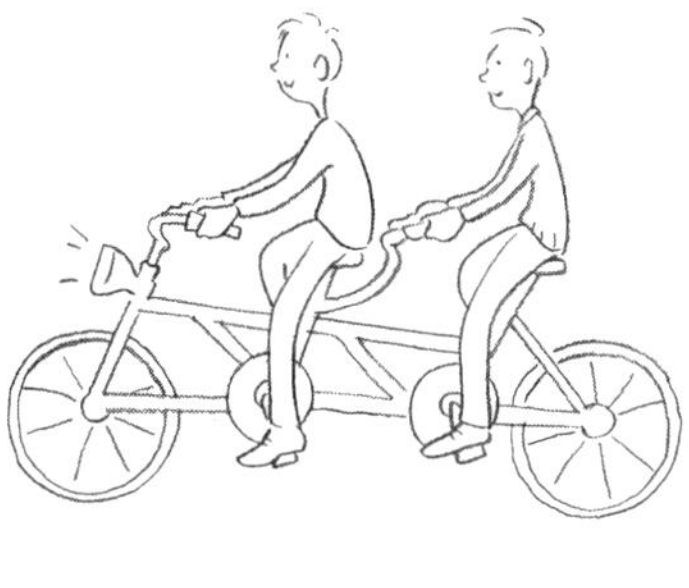

第四章 インテーク

インテークで行う作業には、細かく見ていくと非常に多くの作業があるが、まずは単純に三つに分けてとらえよう。その三つとは、①信頼関係を作ること、②情報を得て見立てと方針を立てること、③フィードバックをして今後の継続について合意を得ること、である。

9　関係づくりと情報の収集

Q72 インテークにおいて、クライエントを迎える際に大切なことは何でしょうか？

A72 インテーク「前」のクライエントを想像してみる

一言で言えば、温かく迎えるということに尽きるでしょう。初心カウンセラーであれば初めてのインテークはとても不安でしょうが、クライエントはおそらくそれ以上の不安を抱えて来ているのです。「うまくやろう」などと思うよりも、「困って相談に来る人なのだから、大きく受けとめよう」という気持ちをもつことが大切です。そのためには、インテーク「前」のクライエントを想像してみましょう。セラピストはインテークをセラピーの始まりと考えがちですが、セラピーの始まりはインテークではありません。

電話で相談室に申し込みをしてくるクライエントの中には、電話をかける前に、かけようか、やめようか、と迷っている人もいることでしょう。電話しようとボタンを途中まで押しながらやっぱりやめたという人もいるのではないでしょうか。決断して電話をかけるだけでも、けっこう大きな作業なのです。思い切って電話をしたけれど話し中だったので、つながらないのではと不安になった人もいれば、逆にちょっと安心したという人もいるはずです。期待があるからこそ電話をするのですが、そこには同時に不安もあります。

完全予約制の場合、電話申し込みをしてからインテークまで何日か空きます。電話申し込み時点で直ちにインテークの日時が決まらず、検討の上、後日、インテークの日時を伝える電話が折り返しかかってくるというシステムであれば、その折り返しの時点から、さらに何日か空きます。電話申し込みをした時点で、心理相談室につながったという安堵の気持ちを抱く人もいるでしょう。もう一方で、どんなセラピストだろうと想像し、うまく話せるだろうかなどと不安に思う人もいることでしょう。母子並行面接のインテークをしたとき、終わり際に、「ここに来るとき、娘と、『お母さんの先生は男の先生らしいけど、怖い先生だったらどうしよう』と言ってたんです」と打ち明けてくれたお母さんがいました。

こうした思いを疑似体験するためには、自分が体の病気で病院に行くときのことを考えてみたらわかりやすいと思います。怖いお医者さんだったらどうしよう。ヤブ医者だったら。「この程度のことで来たのか」と怒られないかな。予想していたより重たい病気だったらどうしよう。「何でもっと早く来なかったんだ」と言われないかな。こうした不安をもちながら病院を訪れたとき、その気持ちを受けとめ、理解してくれる人がいたら、どれほど安堵するでしょうか。医者に会わずとも、受付で温かく迎えてもらえただけで、「ああやっぱり思いきって来てよかったな」と思えることもあると思います。こう考えれば、来所時に名前で呼びかけることや、入室後、〈今日は何時まで時間をお取りしています〉のように最初に段取りを伝えておくことが、クライエントの不安軽減に役立つということに思い至るはずです。

心理療法の場合は心のことが問題になるので、さらに別の形の不安も湧きます。私の気持ちなどわかってもらえないのではないか、わかってほしくないところまで全部ばれてしまうのではないか、他の人はみんな頑張っているのに私だけカウンセリングを受けるなんて甘えていると思われるのではないか、悲劇のヒロインを気取っているだけだと思われないか、狂っていると決めつけられないか、思ってもみなかった方向に変えられてしまうのではないか、変わりたいから来たのに元に戻されてしまうのではないか、などなど。こうした不安はすべて人間的なものです。インテーク「前」の不安を理解しようとすることが信頼関係づくりの第一歩なのだと思います。

✣　✣

Q73 インテークでは何が起きるかわからないと聞きます。その心構えを教えてください。

A73 「ともかく会ってみなければわからない」と腹をくくる

セラピーでは何が起きるかわからないものですが、とりわけインテークのときは何が起きるか、わからないものです。クライエントが一人で来ると思ったら家族がついてきたり、混乱した状態のクライエントであれば、相談室までの道順を書いた紙を忘れてきたり、地図を持っていてもたどり着けなかったりして、「道に迷いました」と電話がかかり、セラピストが近くの場所まで迎えに行かねばならないこともあります。大学院附属の相談室に車で来たクライエントが、大学の駐車場の入り口で守衛と口論になり、守衛室から電話がかかってきてその対応に出向いたという例もありました。

会って実際に話を聞いてみると、電話申し込みの際に聞いていた内容や、相談申込票に書かれた主訴とは別の大きな問題が次々と語られるようなことがあります。また、クライエントが面接の中で話しているうちに感情が高ぶり、泣き出したりした場合には、収まるまで待たねばならないこともあります。初心者にとって、これらは想定外と感じられ、動揺するかもしれません。

こうしたことに対処するには、おかしな言い方かもしれませんが、想定外のことが起きうると想定しておく必要があります。そのためには、普段から多くの例に触れてこんなことも起きうるのだと知り、そういう場合に他のセラピストがどのように対応したかを学ぶことです。そして、その上で、本番直前になったら、何が起きてもしっかり受けとめようと腹をくくるしかありません。「ともかく会ってみなければわからない」のですから。

Q74 あるクライエントから「箱庭療法を受けたい」という新規の申し込みがありました。こうした場合は、インテークから箱庭療法を行うほうがよいのでしょうか？

A74 まず目的をはっきりさせる

このごろは、インターネットなどで情報を得て、申し込みの段階でクライエントのほうから「箱庭療法を受けたい」「認知行動療法を受けたい」といった希望が出されることがしばしばあります。しかし、何療法にしても、それはセラピーの方法の話であって、セラピーの目的ではありません。クライエントはなぜその技法のセラピーを望むのでしょうか。そもそも、なぜセラピーを望んでいるのでしょうか。その目的のために、クライエントが望んでいる技法は適切なのでしょうか。こうしたことを明らかにせぬまま、セラピーを引き受けることはできません。通常どおりにインテークを行い、目的を確認しましょう。その技法が適当であると判断した上で、なお時間に余裕がある場合には箱庭療法をすることもあるでしょうが、何も聞かぬままに、〈では箱庭を〉とすべきではありません。

その療法についてどの程度知っているのかを尋ねてみることも有益です。「人から聞いただけでぜんぜん知りません」「少し調べてみました」「本をたくさん読んで、講演も聴いてきました」など、いろいろな場合があります。そうしたこともまた、クライエントを理解するための情報の一つになります。

✤　✤

Q75 私の勤める機関では、インテーク前に相談申込票を比較的詳しく書いてもらっています。インテークでは、それを上から順番に聞いていけばよいのでしょうか？

A75 主訴から順に聞いていくのが基本

例えば精神科のクリニックで、心理士が医師の初診の前に問診という形でクライエントの情報をあらかじめ聞いておくというシステムをとっているところがあります。その場合は、クリニック側が必要とする情報を順に聞いていくことになるでしょう。しかし、いわゆる心理相談の専門機関におけるインテークでは、そうした問診型の情報収集をするよりも、主訴をじっくり聞くところから始めるほうが望ましいと思います。

そもそも「こんなことを話そう」と考えてきているクライエントも少なくないのですから、セラピスト側が聞きたいことを聞きたい順番に聞くのではなく、まずはクライエントの話したいことから始めるほうが、クライエントにとっては聞いてもらえているという感覚がもてるでしょう。問診型の情報収集は、どうしても根掘り葉掘り感が出てしまいがちですし、クライエントは受け身に質問に答えるという形になりやすいものです。クライエントからすれば、いろいろと聞かれるままに答えたが、私の辛い気持ちはわかってもらえず、私の役には立たなかったという印象をもつかもしれません。

申込票を書いてもらった場合、上から順番に詳しく聞いていくのではなく、申込票全体にざっと目を通し、引っかかるところがあれば、あとでタイミングを見計らって聞こうと心に留めておきます。その上で、例えば、〈『相談したいこと』のところに＊＊と書いておられますが、これについてもう少し詳しくお話しいただけますか〉のように切り出します。

もし、クライエントがどこから話してよいか逡巡しているようなら、〈どこからでも自由に話してくださっていいんですよ〉と伝えます。それで話しはじめる人もいますし、それでも話しにくそうにしている人ならば、こちらから質問しながら聞いていくこともあります。

生活史について聞く際も、〈では、生まれたときからどんなことがあったか、順番に教えてください〉と言って聞いていくのではなく、まずは現在のことを聞き、必要に応じて遡るのが自然な聞き方だと思います。ただしクライエントのほうが古い出来事から現在へと、順に、整然と話していくのであれば、それは尊重したほうがよいでしょう。

申込票で引っかかったことについては、話の流れの中で、関連する内容が出てきたときに質問するのが最も自然な形です。そのほうが、クライエントにとっても無理なく感じられるでしょう。流れの中で聞けずじまいになったことについては、〈あと少し確認しておきたいことがあるのですが……〉と言って、あとでまとめて聞くこともできます。

✤ ✤

Q76 電話申し込みのときに受付の人が聞いていた主訴と、面接の中で語られた主訴が大きく違ったので驚きました。この場合、主訴というのはどちらになるのですか?

A76 どちらも主訴である。その違いの意味を受け取る

主訴にも実は三段階があります（機関によっても異なりますが）。①電話申し込みで語られた主訴、②インテーク直前に申し込み票に記入された主訴、③インテーク面接の中で語られた主訴。すべてがほぼ一致している場合もありますし、微妙に違っていることもありますし、大きく違っていてびっくりさせられることもあります。例えば、電話申し込みでは「仕事について」と聞いていたのに、面接で「実は私は子ども時代に親から虐待されていて……」と語られるようなこともあります。

違っている場合、どれが本当の主訴かとは言えません。ある意味、どれもが主訴です。大事なのは、どれか一つを選ぶことではなく、なぜ違うのかを考えることです。電話で受付の人には深い話ができなかったというのもあるでしょう。その時々で話の力点が変わることもあるかもしれません。電話で申し込んだときから、インテークまでの間に状況が一変したという場合もあります。

申込票の主訴の欄が空白のままになっていることもあります。その場合は、もちろんそのことを責めずに、主訴を口頭で言ってもらうのですが、記入しなかった（できなかった）理由についても聞いておきます。「たくさんありすぎて書けなかった」と言う人もいますし、「言葉でどう書けばよいかわからなかった」という理由を挙げる人もいます。

✤　✤

Q77 クリニックから紹介状をもらってきたクライエントです。クライエントの目の前で紹介状に目を通したところ、これまでの経過がけっこう詳しく書かれていました。その情報については、私はすでに知っているものとして、クライエントに改めて聞かないほうがよいのでしょうか？

A77 繰り返しになっても、クライエントに直接語ってもらう

紹介状がある場合は、できれば面接前に読んでおきます。面接中に直接手渡された場合はすぐに読み、頭に入れます。そして、中身に目を通したかをクライエントに尋ね、目を通していないのであれば、どんなことが書いてあるか概略を伝えます。その上で、〈ではここに書いてあることの繰り返しになるところもあると思いますが、どんなことでご相談に来られたかお話しいただけますか〉と主訴を尋ねます。「他の人から情報が得られたから自分は聞かなくてもよい」ではなくて、できれば本人に語ってもらいます。そのほうが、情報が事実関係の羅列ではなく、実感のこもったものになります。クライエントの中には繰り返し言うことを嫌がる人もいるでしょうが、〈書いてはありますが、直接伺うほうが私の心に残りますので〉と、こちらの意図を伝えます。

話の流れによっては、紹介状に書かれた内容がすべて出てこないこともあるでしょう。どんなことが書かれているか、互いに共有できている場合は、書かれているがまだ話されていないことをセラピストのほうから話題に取り上げるのは基本的に問題ないと思います。ただし、そのことを本人がまだ語らないという事実をどう考えるか。単に流れの中で話しそびれただけの場合もあるでしょうが、まだ語りたくないと思っていることもあるでしょう。トラウマに関わるような内容であれば、〈このことも聞いて

いいですか?〉と慎重に尋ね、クライエントがまだ語りたくないのであれば、いったんはそれを尊重すべきです。

ところで、他機関からの紹介と言っても、紹介状を持たず、「主治医からカウンセリングを受けてみたらどうかと言われて、自分で調べて来ました」という人もいるし、紹介状がある人でも、クライエントのほうからカウンセリングを受けたいと言って紹介状を書いてもらった場合もあれば、主治医からカウンセリングも受けるように言われ、カウンセリングがどんなものかわからないままともかく来てみたという場合もあります。それらを確認することは、心理療法へのクライエント自身のニーズやモチベーションを知ることになります。

来談経路というのは、単にどこでこの相談機関についての情報を得たかだけではありません。どの程度自発的に訪れたのか、人から聞いた場合、そのときどう感じたのかも含めて尋ねておきましょう。

✤　✤

Q78　クライエントに同伴した職場の上司が、インテーク前に「あらかじめお耳に入れておきたい」と本人のいないところで先に話をしたいと希望しました。この場合は受け入れてもいいのでしょうか?

A78　情報を入れておきたいという意図を確認する

このように家族や学校の教師や職場の上司が、本人のいないところで情報を伝えようとするとき、基本は本人のいるところで伝えてくださいと言います。「それでは困る」という反応であれば、困る理由を尋ねます。本人の前で言えないと思うことの中に、その事例で取り上げるべき要素が潜んでいる可能性があるからです。極端な話、こうした情報提供は、必ずしもクライエントのためではなく、周囲が情報を操作し、自分たちを有利にするために行われる場合もあります。

どうしてもということであれば、本人が同席しない形で聞くこともあるかもしれませんが、その場合は本人の了解を得ます。第三者からの情報を聞くことは、本人の口から語られないことを知るという意味でメリットがあります。しかし、本人からすれば何が語られたのか気になるでしょうから、了解を得ずに聞けば、本人との信頼関係が損われてしまうかもしれません。

✤　✤

Q79 インテークで聞いておかなくてはと思っていたことが他にもあったのですが、いくつかは時間切れで聞けずじまいでした。これでよかったのかと心配です。

A79 継続するなら、次回以降に聞けばよい

家族・生活史・問題歴・相談歴などの情報は、一回ですべてが聞けるわけではありません。一回目に聞けなかった分は、継続するなら、次回以降に聞けばよいのです。何が聞けなかったかを心に留めておくと、次回以降に聞けるタイミングが来たときに、それを逃さずに済みます。

問題の歴史が長く、話すべきことが多すぎて、一回でひと通りの話が終わらなかった場合には、〈次回にこの続きをしましょう〉とクライエントに伝えておくこともあります。そして、インテークが終わってから、出来事を時系列順に並べ直して、年表を作ってみましょう。すると、「ここより前のことはまだ聞けていない」「この時点とこの時点の間のことがわからない」「いつ（会社を）辞めたのかがはっきりしない」といった、まだ聞けていないことが明確になりますし、クライエントの生きてきたストーリーが見えやすくなります。

インテークのとき、途中からずっと泣いていてほとんど話さず、そのため事実関係があまりよくわからないまま終わってしまったという例もあります。しかし、無理やり聞き出すよりも、泣いていることを受け容れることのほうがよいかもしれません。泣いていたけれども継続を希望し、あとになって、「あのときずっと泣いていたのを受け容れてくれたことが嬉しかった」と語るクライエントもいるのですか

ら。焦って、情報を得ることに躍起にならないことです。

✤　✤

Q80 相談歴を聞いたところ、これまで受けた治療やカウンセリングについて否定的な思いが語られました。これはどのように聞けばよいのでしょうか？

A80 今回は何を望んでいるか／クライエントの対人関係パターンが現れていることもある

相談歴を聞く中で、これまでの相談機関やセラピストに対するネガティヴな評価を聞くことは、これから自分が行うセラピーにとって参考になるところが多いものです。以前の心理療法が中断になった場合は、その理由を聞いておきます。「いろいろ聞かれすぎた」とか「何も言ってくれなかった」とか。実際に、その医師や心理士の対応がクライエントの言うとおりであったのかどうかはわかりません。しかし、クライエントがそのように受けとめたことは尊重されるべきでしょう。その否定的な思いは、「今回はその点に配慮してほしい」という願いとして聞く必要があります。

一方、そこにクライエントの対人関係パターンや対人認知の仕方が現れており、自分がこれから行うセラピーでも同じことが繰り返される可能性があるという見方も必要です。つまり、セラピーを続けていくと、クライエントは私に対しても同じような思いに駆られ、同様の行動をとる可能性があると考えておくのです。そう思っていると、そうした傾向が現れたときに、〈前のカウンセリングでも、そういう気持ちになって通うのをやめられたんでしたね。今もそれに近い気持ちになっておられるのではありませんか？〉という具合に話題に取り上げることで、中断を回避できるかもしれません。

10　フィードバックと継続の合意

Q81 インテークの終わりのほうでは、どのようにフィードバックをすればよいのでしょうか？

A81 まとめて伝え返し、目標を明確化していく

インテークの終盤は、①見立てと方針を伝える、②心理療法の進め方を説明する、③継続の意思を確認して合意する、といった手順を踏んでいくことになります。ですから、インテークも後半に入ると、クライエントから聞いた話をどうまとめるか、セラピストとして理解したことや、進め方について何と伝え返すか、何と何をフィードバックするかについて見通しを持ちながら、話を聞いていきます。話を聞きながら、見立てをし、どのようにフィードバックするかを考え、関係作りもする。インテークはそれだけ忙しいわけです。

話を聞いたら、聞きっぱなしというわけにはいきません。セラピストが受けとめたことを伝え返す作業が要ります。いわば、クライエントが「言い散らかした」ことをまとめて返すわけです。例えば、〈職場が異動になってから仕事がうまく行かなくなりだし、上司から厳しく言われるようになった。それが大きなストレスとなっている。でも、振り返ってみると、自分には、人からそんなふうに指摘される点が昔からあって、今まではそんなに大変な仕事ではなかったから、なんとなく問題にならずに済んでいたんじゃないか。だから、自分のそういうところを何とかできないかと思って来られた、ということで

すね〉というようなことです。

また、クライエントが語ったことをまとめるだけでなく、症状や問題行動の心理的メカニズムに関する心理学的理解を伝え、目標の明確化につなげることもあります。〈普段は欲求不満を感じないようにしているので、一見穏やかな人に見える。でも、欲求不満を感じたときには爆発して、それで人とトラブルになる。だとしたら、『欲求不満を感じても穏やかに反応できる。感じていることを人に伝えることもできるし、言葉で丁寧に伝えればきっとわかってもらえる。だから欲求不満を感じたとしても大丈夫だ』と思えるようになるのが目標なのかもしれませんね〉というふうに。

継続するうちに、目標自体が変化していくこともあります。例えば、あるクライエントの最初の目標は、①「職場環境がひどいために適応障害になっているので、職場が変わるようにどのように働きかけたらよいかを一緒に考える」ことでした。しかし、次第にそれが難しいことがわかり、②「職場では我慢して、職場以外のところでいかにストレスを解消するかを考える」というように目標が変更されました。ところが、それだけではやはり職場での辛さは変わらないので、③「職場内でストレスに対処しながら働くための生き抜く術を身につける」という目標にさらに変わっていきました。ですから、インテーク時点での目標設定は、あくまでもその時点でのものでよいのです。

コラム

インテークの終盤で行うこと

①見立てと方針を伝える
②心理療法の進め方を説明する
③継続の意思を確認して合意する

Q82 一回のみで終わる場合も、何かフィードバックをすべきでしょうか？　一回だけではあまり多くのことを言えないような気がするのですが。

A82 一回の中で言えることを返す

スクールカウンセリングや大学の学生相談では、敷居が低い分、最初から一回のつもりで来たという人もいます。一回聞いただけではわからないことも多いですし、不確かなことを口に出すことに不安や抵抗を覚えることもあるかもしれません。しかし、その場合も何かしらのフィードバックは必要です。一回だけだからこそ、話しただけで終わりではなくて、最後に何かを聞いて帰りたいと思うのは自然なことではないでしょうか。

一回目の時点でわかったことを返せばよいのです。それ以上のことはできません。それでも、自分の身に何が起きているのかがよくわからない人にとっては、言葉で説明され、「ああ、そういうことか」と納得するだけでも安心します。今後の課題を整理して明示するのも一つの方法です。確かめることはできませんが、五年後、一〇年後に思い出して役立つこともあるかもしれませんから。一回だけでは大きなことはできないかもしれませんが、何もできないということもないのです。

✤　✤

Q83 心理療法の進め方について説明するというのは、どのようにやるのでしょうか？

A83 当面の方針を提示する

まずは、クライエントの要望に基づいて、当面の進め方を提示するというのが一つの形でしょう。〈性格を変えたい。でも、どういう性格をどう変えたいのかはよくわからない。自分がどういう性格かはまだつかめていないということでしたね。それならまずは、＊＊さんがどういう性格であるかを明確にしていきましょうか。一つはお話をしながら、もう一つは心理検査を通してという方法があります。しばらくの間その二本立てで行こうかと思うのですが、いかがですか？〉

「話をしながらというのは、どうするのですか？」と聞き返されるかもしれません。例えばこんな言い方もあります。〈今日は初めてでしたから私のほうから質問していろいろと伺いましたが、次回からは＊＊さんのほうからいろんなお話をしていただきたいのです。「この一週間の間にこんなことがありました」でもいいし、「昔こんなことがあって……」でもいいし、「何も考えてこなかったけど、ここに座っているとこんなことが思い浮かんできます」でもかまいません。こんな話は関係がないと思わないで、どんな話でもしてくださったらいいんです。お話ししてくださることは、すべてが＊＊さんに関わることなんですから、どこかでつながっています。色々と話し合うことで、解決の糸口が見えてくるはずです〉。ただし、このあたりは、学派によってやり方が異なるはずです。自由に思いつくままに話すのではなく、最初に今回話題にするテーマを設定するやり方の場合には、説明の仕方も異なるでしょう。それについては学派ごとの説明の仕方を参照してください。

クライエントの中には、本を読んだり、以前にも心理療法を受けたことがあったりで、心理療法というものについてかなりはっきりとしたイメージをすでにもっている人もいますが、「主治医から言われたので来た」とか、「たまたまリーフレットを見て来てみたので、どんなものかよくわかりません」と言う人もいます。

自ら望んで来たわけではない場合には、心理療法に疑いをもっている人もいるでしょう。そういった人から、「そもそも心理療法って何ですか？」のように聞かれたら、〈心理療法というのは、心の作業です。何かに苦しんでいる、悩んでいる、辛いと感じている人が、それをできるだけ自力で乗り越えていけるように、セラピストと呼ばれる人の力を借りて、集中的に心の作業を行なうものです。基本はお話をすることですが、場合に応じて色々と工夫をしながら進めていくことになります〉といった答え方もできます。自分なりの答え方を考えてみてください。

✤　✤

Q84 クライエントに継続の意思を確認しましたが迷っているようです。この場合はどのように声をかけたらよいでしょうか？

A84 最終的に決めるのはクライエントだが、誘ってみることはあってよい

継続の意思を確認するときは、〈こちらではこういうことができますが、いかがされますか？〉というのが基本的態度です。こちらが提供できることを示した上で、最終的にはクライエントが決めることです。とはいえ、クライエントが迷っている場合には、「どちらでもお好きにどうぞ」のような態度ではなく、セラピーへの動機づけを高め、誘うことも大切です。

例えば、〈これまで誰にも言えず一人で抱えて悩んでこられて、大変だっただろうと思います。一人で考えていると、頭の中でいろんな考えがぐるぐる回ってかえって辛くなることもありますけど、二人で話し合っていくことで解決の糸口が徐々に見えてくることもありますので、来週から続けて通ってこられませんか？〉のような言い方もできるでしょう。

クライエントが継続を迷っている場合は、今日は何を求めてきたのかを改めて確認してみましょう。話を聞いてもらいたくて来た、どこからどう手をつけていいかわからないので整理をしたくて来た、何かヒントや助言がほしいと思って来たなど、さまざまでしょうが、それが得られるのかどうかを疑問に思っているのかもしれません。その場合は、どのような点で期待に応えられそうかをもう一度伝えてみるのがよいでしょう。

躊躇する理由が「言葉にするのが苦手で」ということであるなら、〈確かに言葉にするというのは難しい面があります。ゆっくりでいいですから、それを少しずつ言葉にしていくための場として利用してもらったらいいと思うのですが〉というふうに言うこともできます。

来てみたらどうなるのか見当がつかないという場合には、〈とりあえずこのあと四回続けてきてみて、それで自分にとって意味があるようだったらその後も続けてきてみることにしませんか？〉と誘うのも一つです。始めるにあたって期間をとりあえず限定し、継続の判断を延期するわけです。

✤　✤

Q85 クライエントに〈何を目標にしていきましょうか？〉と尋ねても、あまりはっきりとした答えが返ってこない場合があります。そういうときは、どのように目標設定をしたらよいでしょうか？

A85 目標を明確にする作業を一緒にやっていく

インテークで主訴を尋ねても、「何をどうしたい」とか「これとこれで迷っている」というように、悩みの形が明確になっている事例ばかりではありません。また継続への意思を確認するときに、来談の目標について尋ねても、自分はどうなりたいのかがまだよくわからないクライエントもいます。そのような場合でも、〈何を相談したいのかがはっきりしてからもう一度来てください〉のように追い返すわけにはいきません。

この場合、セラピストの対応の基本は、〈まだ自分でもよくわからないんですね。では、自分がどうなりたいのか、何をしに来るのかも含めて考えていきましょう〉という姿勢を示すことです。

例えば、これまで自己主張を控え、従順に人に合わせることで適応を図ってきた人であれば、急に「自分はどうしたいのか」と考えても何も出てこないように感じるかもしれません。「確固たる自分というのが自分でもはっきりしなくて困ることもあるが、でも特別深刻というわけでもない」と語った人もいました。このようなアイデンティティの悩みの場合は、そうした漠たる気持ちをそのまま受けとめつつ、〈少しずつはっきりさせていきましょう〉と温かく支えていく態度で関わっていきます。

Q86 「終わるまでどれくらいかかりますか？」と尋ねられましたが、〈それはわかりません〉としか言えませんでした。

A86 歩き出してみないとわからない／努力目標としての期間を設定することも

いつまでかかるのかが気になるというのは自然なことです。身体的な病気の場合、医者に「二週間後には薬が効き始めますから、それまできっちりと忘れずに飲み続けるように」とか、「個人差はありますが、たいていは手術のあと一週間で退院できますよ」と言ってもらえれば患者は安心します。こうしたことを言ってもらえないと、いったいいつまでかかるのだろうと不安にもなるし、生活の計画も立てにくいですから。そこで、心理療法の場合も、終了の目途をはっきりさせ、それを最初に伝えるべきだと言われると、もっともなようにも思えます。

ところが、心理療法の場合は、なかなか同じようにはいきません。始まってしばらくしてから心理的な課題が明らかになってくる場合も多く、どれくらいで終われるかが最初からわかるわけではありません。また、クライエント自身の取り組み方によっても、進行の度合いは違ってきます。つまり、「歩き出してみなければわからない」ので、いつ終わるかを伝えようにも伝えられないのです。

わからないはずなのに、さもわかるかのように「何ヵ月くらいで治ります」と言えば、それは予言でしかありません。しかしそんなふうに答えてしまうことが実際に起きないわけではありません。クライエントの不安に圧倒されて、言わされてしまうのでしょうか。セラピストとしては、わからないときには自信をもって〈それはわかりません〉と言えることが大事です。そして、それは抱えている心理的な課題の大きさと、それに取り組むクライエントとセラピスト双方の努力によると伝えるのがよいと思います。

クライエントに焦りの気持ちがあると感じられたなら、〈焦りの気持ちが強くなっていますか？〉と焦り自体を取り上げることが必要でしょう。あとどれくらいかかるかという問いの背景に、何か事情が隠れていることもあります。

このように対応しても、クライエントが辛い症状に苦しんでいて、一刻も早くその辛さから逃れたいと思っている場合は、いつまでかわからないと言われたら、こんなところに来ても無駄だと感じて通うのをやめてしまうかもしれません。そういう場合は、〈いつ治るかまではわかりませんが、ともかく三ヵ月頑張ってみませんか。三ヵ月経ったら、どんなふうに進んでいるか二人で検討して、その後のことを話し合うことにしませんか〉ということもできるでしょう。終了の目途や治癒の保証としてではなく、努力目標としての期間を設定して、セラピーへの動機づけを高めるということです。

✤　✤

Q87 インテークのあと、クライエントは迷ったあげく、結局、継続を希望されませんでした。自分のやり方がまずかったのか、と落ち込んでいます。

A87 継続するか否かを左右する要因は一つではない／信頼感は得られたか

私は、心理療法が成功する条件を次のように考えています。「心理療法は、クライエントにセラピーに対する意欲があり、クライエントとセラピストの相性がよく、セラピストがクライエントの心を温かく深く理解し、そのクライエントに合った技法を適切に用い、周囲の人からの理解や経済状況や時間的余裕といった社会的条件が整っているときに成功する」。ただし、これらの条件がすべてそろわなければいけないという意味ではありません。

セラピーが継続するか否かも同様の条件が絡んできます。ですから、継続にならなかった場合に、すべてをセラピストの力量の問題と考えて自分を責めることはないですし、同僚がそうやって責めるのもおかしなことです。ですが、「もしセラピストとしての対応に問題があったとすれば何だろう？」と自分で振り返ってみることは必要です。セラピストがクライエントを査定しているのと同時に、クライエントもまたセラピストを査定しています。セラピストがその査定（値踏み？）に合格しなければ、クライエントは続けて来室しないでしょう。

クライエントにとって、インテークはどのように体験されたのでしょうか。「このセラピストは信頼できそうだ」という感覚が得られたでしょうか。この場合、信頼感を構成する要素は、「安全であること」と、「有意義な時間が過ごせそうであること」の二つです。安全感は、例えば次のような言葉で体験されるものです。

コラム

セラピーに対する安全感の例

- 何を話しても大丈夫そうだ
- 秘密を守ってくれそうだ
- 過剰な負担を強いられることはなさそうだ
- 怖い人ではなさそうだ
- 泣いたり怒ったりという感情表現を受け容れてくれた
- ネガティヴなことを言っても説教されなかった
- 聞かれたくないことまで根掘り葉掘り聞かれなくてよかった
- ここに来たくなかったという気持ちまで受け容れてくれた

身構えてきたクライエントにとっては、よい意味で「拍子抜け」として感じられるのではないでしょうか。一方、有意義な時間が過ごせることのほうは、「ここに来れば変われそうな気がする」という手応えが得られるかどうかが大事な点です。こちらも、クライエントの言葉の形で例を挙げてみましょう。

コラム

セラピーで有意義な時間が過ごせそうだという手応えの例

- 話したらスッキリした
- 話していくうちに、考えがまとまってきた
- 考えが少し深まった
- どうしたらよいか少し見えてきた
- どうしたらよいかはまだわからないが、何とかなりそうな気がしてきた
- セラピストは心について詳しそうだ
- セラピストはこれまで会った人と何かちょっと違う

✤　✤

Q 88

心理療法の継続について話し合っているときに、クライエントが「私は変わりたくない。そんなふうに変わっても意味があるとは思えない」と言いました。しかし、結局は継続を希望し、実際に続けて来ています。これは継続へのモチベーションがあるのかないのかよくわかりません。

A 88

「内なるモチベーション」というのがある

心理療法は、クライエントの側にモチベーションがなければ成立しません。そしてクライエント側の

モチベーションがセラピストのモチベーションを支え続けるとも言えるし、その逆も言えます。ここで留意すべきことは、クライエントのモチベーションは必ずしもはっきりわかる形で表に現れるとは限らないということです。口で「やります」と言ったからモチベーションがあって、言わないからモチベーションがないとは言えません。

スクールカウンセリングで、ある生徒が予約なしに相談に来ました。最初に時間の枠を決めようと思って〈何分間にしようか？〉と尋ねると、「五分」と答えました。〈五分は短いよ〉と私が言うと、生徒は「じゃあ、三〇分」と急に時間を伸ばしました。「六分」とか「一〇分」とか言ってもいいのに、「三〇分」と言ったのは、やはり聞いてほしい気持ちがあるからなのでしょう。

クライエントが、「私は変わりたくない。そんなふうに変わっても意味があるとは思えない」と言ったのは、否定の形でモチベーションが語られているのかもしれません。「変わっても仕方がない」ということを力説するために安くはない料金を支払って面接に通ってくるのは、その人の心のどこかに、今のままではいたくないとか、今のままではいけないのではないかという気持ちがあるからなのではないでしょうか。ここには、「内なるモチベーション」とでも呼ぶべきものがあるのです。口では「治りたくない」と言っていても、心の奥では治りたいと思っている人もいます。

そこでセラピストは、クライエントが「変わりたくない」と言っている事実を一方では尊重しながら、変わりたいという内面の動きに働きかけます。〈変わっても仕方がないように思えるんですね。変わるも変わらないも、それは自分で決めたらいいことです。ただ、こうやって、変わりたくないということをお金を払って言いに来られるということは、ご自分の中に変わりたいとか、変わらなくてはというお気持ちがあるんじゃないかと思うのです。だから、もしやってみようと思われるのであれば、私もご一緒に考えていきたいと思うのですが。変わる必要があるのか、変わるとしたら何のためにか、どのように変わったらいいのか、どうすれば変わっていけるのか、を〉と語りかけてみます。

11 他機関につなぐ

Q89 医療機関につなげる必要がある場合、クライエントにどう伝えたらよいでしょうか？

A89 可能性を示して、提案として伝える

医療機関へとつなげるべき時とは、何らかの症状があり、薬物療法が不可欠もしくは役立つと考えられる場合、医学的診断を明確にする必要がある場合、器質的疾患が疑われるので医学的検査を受けたほうがよいと考えられる場合、入院という形で保護される必要があると思われる場合などです。心理療法家はその査定の一つとして、そうした検査や診断や治療の必要性を判断することが求められるわけです。

インテークでは、クライエントに起きていることが、精神的な、あるいは心身の疾患と呼べるものかどうかの査定が必要です。心理臨床機関を利用する人のすべてが、医療の範疇に入るわけではありませんから。そして、疾患と呼べるものであるなら、診断基準に照らしてみたときにどういう診断名になるかを考えてみます。無論、心理士は医学的な意味での診断はしませんし、してはなりません。あくまでも臨床心理査定の一つとして仮に行うものです。診断名をクライエントから聞かれることもありますが、診断は医師が行うものであり、自分はできないことをはっきりと伝える必要があります。また、診断名の特定を焦ることはありません。その特定に躍起になって、関係づくりがおろそかになり、結局継続することにならなかったのでは、元も子もないですから。

精神疾患や何らかの障害が疑われる場合は、それをクライエントに伝えるか伝えないか、伝えるとすればどのように伝えればよいか、を考えます。

〈何らかの精神的な病気の可能性〉というくらいに大雑把に伝えることもあるでしょうし、かなり明白だったり、クライエント自身もある程度知識をもっているのであれば、疾患名をあくまでも可能性として挙げることもあります。例えば、〈今日、私が話を聞いて思ったことを言いますね。＊＊さんの今の状態は、医学的に見ると、「強迫性障害」という名前がつく可能性があると思います。自分でもこんなことをやっても意味がないと頭ではわかっているのに、どうしてもやってしまう。内側から何か強く迫ってくるものがあるので、「強迫」と言うんですけど。私は医者ではないので診断をつけることはできませんが、病院に行ったら、そういう診断がつく可能性があると思うし、薬を出してもらったら、症状が軽くなることもあると思います。ですから、病院に行ってみるというのも一つの選択肢としてあると思うのですが、それはいかがですか？〉。

ここには三つの要素があります。一つは、先ほども言いましたように、あくまでも可能性として伝えることです。断定はできません。二つ目は、クライエントにとっての利益を具体的に示すことです。この場合は薬を飲むことが、症状の緩和に役立つかもしれないという可能性を伝えています。三つ目は、最終的に決めるのはクライエント自身であるので、一つの提案として伝えることです。精神疾患の可能性を伝えられたことで戸惑いや抵抗が引き起こされることもありますので、クライエントがどう感じたのかを受けとめ、焦らずに進めていく必要があります。時には、説得気味に受診を勧めねばならないこともありますが……。

他機関に紹介すると、セラピストから見放されるのではないかと心配になるクライエントもいます。その場合は、紹介したあとも心理学的な観点からは変わらずにお会いするのだということを付け加えておきます。そして大事なことは、医療機関を紹介したあとの役割分担、つまり心理相談機関としては何ができると考えているのかを明確にして伝えることです。

こんな言い方もあるでしょう。〈薬だけで治ればいいですが、それだけでは治らないことも結構あるので、心理療法を並行して続けていく方法もあります。心理療法で何をするかですが、強迫は生活する中で何か不安やストレスがあって、それに対処する方法としてやっているところがあると言われています。だから一つは不安やストレスの程度を下げてやれば、それに対する対処法として強迫症状を出す必要がなくなる。もう一つは不安やストレスがゼロになることはないので、それに対する別の、もっと楽な対処法が見つかると、強迫症状という方法をとらなくても済むようになる。そこでまずは、生活の上でどんなことが不安やストレスになっているのか、それにどう対処したらいいのかを一緒に考えていけたらと思っています。そのためには、症状のことばかりを話していても仕方がないので、話を広げて、生活上のことをいろいろとお話ししていただきたいのです〉。

コラム

医療機関につなげるときの言い方

①疾患名を挙げるときは、あくまでも可能性として伝える
②医療機関に行くことのクライエントにとっての利益を具体的に示す
③押しつけず、一つの提案として伝える

Q90 医療機関につなげようと思って言ってみたのですが、クライエントは行くのを渋っています。さらに強く勧めたものか、それとも行きたくない気持ちがあるならそれを尊重するほうがよいのでしょうか？

A90 行き渋る理由を聞く

まずは渋る理由をよく聞きましょう。クライエント本人が行きたくないのでしょうか。それとも本人は行ってもいいと思っているが、周囲が認めないのでしょうか。後者の場合は、どのように周囲の理解を得ていくかを一緒に考えていくことになるでしょう。ただしこの場合、「周囲の人が認めない」という言葉の奥に、クライエント本人が行きたくない気持ちが隠されている可能性もあります。

本人が行きたくない理由は何でしょうか。世間体でしょうか、薬を飲むことへの抵抗でしょうか、診断名がついてしまうことへの恐れでしょうか。人からどう思われるかを気にしているのであれば、同じ精神科でも、一般的には、精神科病院より総合病院の精神科のほうが、また、それよりも個人開業の精神科クリニックのほうが抵抗が少ないでしょう。また、元来は扱う疾患が異なるとしても、精神科より心療内科のほうが行きやすい面はあると思います。場合によっては、精神疾患にも明るい内科を訪ねて、そこからさらに精神科を紹介してもらう方法もあります。

いずれにしても、説得に躍起になって、受診したくない気持ちを受けとめることが疎かになると、クライエントはかえって防衛的になり、説得に応じる気持ちは薄れてしまうでしょう。理解を求めるという態度で臨むのがよいと思います。

いくら必要性を訴えても、やはり医療機関に行くことを渋る人もいます。精神疾患が疑われる人がすべて医療機関に行かないといけないかと言うと、決してそうではありません。心理療法だけで、よくなっていく人もたくさんいます。一方、危険度、緊急度が高い場合には、行ってもらわないと心理療法の継続はできない、と強く言うべき時もあります。ただ、これ以上強く言うと医療機関に行かないどころか、心理療法にも来なくなりそうだという場合には、〈わかりました。では、しばらく様子を見ましょう。ただ、心理療法には続けて来てください。そしてもし今よりも症状が重くなったときは、医療機関に行くことをもう一回考えてみるということにしたいと思いますが、それでいいですか？〉のように言うこともあります。こういうふうに言っておくと、しばらくしてからクライエントのほうから、「実はクリニックに行ってきました」と報告があって、驚かされるようなこともあります。

✤　✤

Q91 精神科に行くことを嫌がっているのは、服薬に対する抵抗が理由のようです。この場合はどのように説明すればよいでしょうか？

A91 服薬心理に配慮する

心理士が出会うクライエントには、①薬物療法が役立ちそうにない人、②薬物療法によって症状を軽くし、それを支えとして心理療法を継続するとよいと思われる人、③今は心理療法よりも薬物療法などの生物学的治療に専念するほうがよさそうな人がいます。実際に処方されるか否かは、医師の診断によるわけですが、心理士の見立てとして、薬物療法を受けるメリットがありそうだと判断される場合は、例えばこんな言い方もできるでしょう。〈＊＊さんの場合は、病院に行って、自分に合う薬が見つかればずいぶんと楽になるもしれません。辛いときには薬の力を借りるのも悪くありません。薬によって症状が軽減されることで、心の課題に取り組みやすくなるということもあります。実際に薬を出すか出さないかは医師の判断ですから、私は何とも言えませんが、一度医師の診察を受けて相談してみられたらいかがでしょうか？〉。

とはいえ、体のことであれ、心のことであれ、薬に頼って治すことに抵抗のある人は少なくありません。実際、副作用もありますし、薬害に苦しんでいる人がいるのも事実です。もう一方で、身体的な痛みのひどいときに鎮痛剤を飲んだら、しばらくして痛みが嘘のように消えて楽になった経験のある人は、服薬することのありがたみを実感していることでしょう。クライエントが服薬に強い抵抗を示す場合、セラピストの役割は、薬のもつこうした両面を考慮しつつ、服薬心理を取り上げ、よく話し合うことです。

初めて飲む薬は不安を引き起こすものです。副作用もあるし、他の人には大丈夫でも自分には副作用が特別大きかったら、と心配する人もいるかもしれません。効いたら効いたで自分がどのように変わってしまうかわからないという恐怖心もあります。また、いったん飲みはじめたら一生飲み続けないといけないのではないか、薬がないと生きていけないようになったらどうしよう、といった薬物依存への不安を訴える人もいます。こうした不安が出てくるのはある程度自然なことですので、耳を傾け、理解を示すべきです。さらに聞いてゆくと、薬にまつわる生活史上のさまざまなエピソードが語られることもあります。例えば、子どもの頃に薬を飲んで湿疹が出たとか、親が亡くなる前に大量の薬を投与されているのを見て複雑な思いだったといった話です。薬を飲むことには、こうした個別の歴史が複雑に絡んでいることもあります。これらのエピソードについて話し合うことは、服薬を勧めるというだけでなく、もうすでに心理療法の中身になっています。

場合によっては、服薬を強めに勧める必要があるクライエントもいると思います。しかしその場合も、一度に納得を得ようとするのではなく、クライエントの意思を尊重し、理解を求めるという態度が要ります。その上で、〈必要なときに必要な分だけ薬を飲むというのも決して悪いことではないと思いますよ〉というふうな言い方で勧めます。

✤

✤

Q 92 **すでに精神科のクリニックに通い、薬の処方を受けているクライエントですが、実は飲んでおらず、そのことを医師にも話していないと語りました。私から見ても薬物療法の必要な人だと思うので、〈言われたとおりにちゃんと飲んだほうがよいのでは？〉と勧めたのですが、その後もやはり飲んでいないようです。もっと強く言ったほうがいいのかどうか。**

A 92 **主治医とよく話し合ってもらうのが基本**

ある程度納得して薬物療法を始めたクライエントであっても、その後の心理療法の過程において、薬についてのさまざまな不安や疑いが語られることがあります。実際に飲んでみたが、効いているのかどうかわからないといった効果への疑問もあれば、薬を飲んだら頭がぼんやりしてしまって仕事にならなかったという副作用の訴えもあります。そのため、薬を飲む回数を自分で調整したり、自分の判断で薬を飲むのをやめてしまうクライエントもいます。

不安や葛藤が湧いてくるのは自然なこととして受けとめねばなりません。また、クライエントが医師や周囲の人から薬を飲むように説得されることに疲れている場合には、セラピストはそれ以上に説得するようなことはせず、まずはその心の声に耳を傾けることに力を注いだほうがよい場合もあるでしょう。

ですが、薬をやめるという判断を安易に受け入れないことも大切です。例えば〈自分の判断でやめてしまわずに、飲んでみてどうだったかを医者に伝えて、調整してもらうほうがいいですよ。お医者さんも特に治療の最初の頃は薬の種類や量を試行錯誤しながら決めているものです。どの薬が合うか、どのくらいの量が適切かは患者さんによって違いますからね。ですから、一週間なら一週間、飲んだ反応を見て、量を増やしたり減らしたり、あるいは種類を変えたりするのです。自分にぴったりくる薬や、ぴったりくる量を二人で協力して見つけていくという感じでやってみてはいかがでしょうか？〉というような言い方もできるでしょう。

薬の効き方にもクライエントの個性が関わっていることを伝えるわけです。ちょっとよくなってきたら自分の判断で飲むのをやめてしまうクライエントもいますが、その場合も、勝手な判断で急にやめると一時的によくなっても再発することがあるので、主治医とよく話し合うようにと言うことも大切です。

服薬心理について聞いていくと、医師との人間関係の話に発展し、「あの医者は怖そうだから出してもらった薬が効かないなんてことは言いにくい」とか、「薬や症状の話だけで他の話は聞いてくれない」といったことを語るクライエントもいます。そして、その背景に、父親への恐怖心や、母親はいつも話を聞くふりをするだけで、ゆっくりと耳を傾けてくれなかったというような思いが隠れている場合もあります。ここでも、服薬心理について話し合うこと自体が心理療法的意味合いをもつことになります。

薬について周囲の人から何かを言われ、その影響を受けて薬を飲まなくなるクライエントもいます。他の患者の体験談に影響されている場合は、患者によって効果は違うことを伝え、その疑問も主治医に伝えてみるようにと言います。家族が薬に対して抵抗を示している場合には、家族の理解を得る方法を別に考える必要があるでしょう。

✣　✣

Q93 心因的なものであると言うためには、器質的な要因を除外する必要があると習いました。とすると、すべてのクライエントに器質面の検査を受けてもらわないといけないようにも思うのですが。

A93 医学的検査を受けてもらう必要があるか否かを査定する

確かに心理相談機関に訪れるクライエントの抱える問題が、すべて心因性というわけではありません。心因性だと思って心理療法をしていたら、しばらくしてから器質的な異常が発見されたというような例もあります。ですから、器質的要因の可能性を除外する必要があるというのは正しいことです。

とはいえ、すべてのクライエントに一律に医学的検査を受けてもらうのは、経済的、心理的な負担を考えれば実際には難しいと言わざるを得ません。それが現実的な選択です。とすれば、心理士は「医学的検査を受ける必要性を見立てる」必要があるわけです。そのためには、クライエントの語りの中から、器質的なものが疑われる要素を適切に感じ取る力をつけることが求められます。もちろん、実際に医学的検査をするか否かは医師の診断によるわけですから、これも可能性としてクライエントに伝えるということになりますが。

✣　✣

Q94 紹介状の書き方について教えてください。また、中身はクライエントに見せたほうがよいのでしょうか？

A94 紹介状はクライエントに目を通してもらうのが基本

私の場合、紹介状はクライエントに読んでもらってから封筒に入れて封をするのを原則としています。ですから、クライエントに読まれることを前提に書きます。事前にクライエントに読んでもらえない場合でも、紹介先の専門家がクライエントに見せることもありますから、それに耐えうる内容にしておくべきです。中身を見せずに封をしてクライエントに手渡し、紹介先に持っていくように伝えたのですが、クライエントは中身がどうしても気になり、先方に持参する前に開封して読んだといった例も聞いたことがあります。

内容としては、いつどういう主訴で来談したのか、生育歴、病歴、相談歴、どういう構造で何を目標に何回のセラピーを行ったか、その間にどのようなことが起き、どういう経緯で紹介することになったのかを簡潔に書きます。ただし箇条書きではなく、通読できる文章の形にします。

紹介状をいただいたときに、生育歴情報などは詳細に書かれているものの、紹介の目的、理由が明示されていないものがあります。特に、紹介後も自分のところでも並行して治療や支援を続けるのか、あるいは自分は手を引いてこちらに委ねるつもりなのかがわからず、対応に困ることがあります。ですから、紹介状を書くときには、紹介の意図と紹介後の構造について明記しましょう。例えば、「薬物療法が望ましいと思われるため」「診断を受けるため」「クライエントが引っ越すことになってこちらでの継続が難しくなったため」「他の治療技法のほうがより適切だと考えられたため」「福祉的な支援も同時に受けられる施設でカウンセリングを受けたほうがよいと思われるため」などの例が考えられます。

✤　✤

Q 95　すでに精神科に通院しているクライエントなので、〈主治医にカウンセリングを受ける了解を得て、診療情報提供書を書いてもらってください〉と伝えましたが、クライエントはその主治医と関係がこじれているらしく、あそこにはもう行きたくない、近々クリニックを変えるつもりだと言っています。このような場合はどうしたらよいでしょうか？

A 95　主治医の了解をもらうのが基本だが、現在の主治医にこだわらなくてもよい

主治医との関係がこじれている場合、その関係を立て直すことに治療的意味がありそうであれば、まずはその努力をするようにクライエントに言うのが基本です。例えば、〈主治医の先生に対して思っていることがあるなら、それを直接伝えてみたらどうでしょう？〉というような言い方です。

ただ、現実には関係が修復不能で、転院してやり直したほうがよいこともあるので、あまり杓子定規に、現在の主治医の了解が得られなければ一切会わないとするのもどうかと思います。医療からも切れ、心理療法にもつながらないという状況に陥ることを避けるためには、近いうちに必ず別のクリニックや病院に行くことを約束してもらった上で心理療法を何度か続け、新たな主治医と連携を取っていくほうが望ましい例もあります。

第五章 対話の進め方

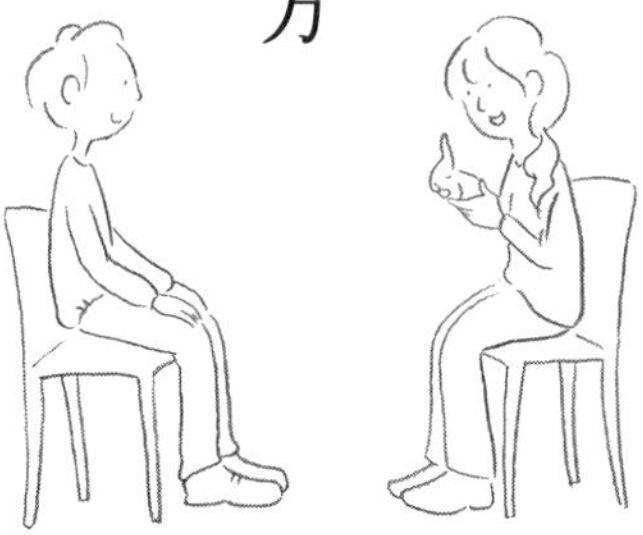

心理療法では話を聞くことが重視される。それは間違いないのだが、セラピストも折を見て、控えめに、あるいは時に饒舌に話す役割を取る。

「心理療法家にとっては技法よりも態度のほうが大事だ」といった発言も聞かれるが、それは単純な言い方だろう。対話の技術は、心の作業を具体的に展開させるものである。作業がより意義深いものになるように、また作業に伴う負担がいたずらに増えることのないように、細やかな配慮の上で進められることが望ましい。一方で、その技が、「こう言いさえすればよい」といった小手先の技術になってしまったのでは、これまた心理療法にはならない。「態度が大事だ」という言葉はこのときに意味をもつのである。

12　対話を円滑に進める

Q96　何度か面接を重ねていますが、「セラピストは質問する人、クライエントは答える人」という図式が出来上がってしまっています。これを修正するにはどうすればよいでしょうか？

A96　心理療法の進め方について改めて説明する／質問を控え傾聴する

心理療法は、クライエントの抱えている問題を二人で検討していくものであって、単にセラピストが質問し、クライエントがそれに答えるという場ではありません。しかし、クライエントは、心理療法の進め方について最初から理解しているわけではありませんから、こうしたパターンに陥ったときは、〈ここまで、私が質問して、＊＊さんがそれに答えるみたいな感じになっていますが、面接の進め方としては、話したいことをご自分のほうから自由に話してもらうのが基本なんです〉というようにクライエントに改めて伝えてみましょう。そして、ともかくまずクライエントが話そうと用意してきた話を聞こうとすることです。話を聞いていると事実関係を確認したい事柄も途中で出てくるでしょうが、それは少し後回しにして、なるべく口を挟まずにともかく聞いていきます。するとクライエントが話すことをセラピストが傾聴するという関係が生まれてきます。今日は聞いてもらえた、という実感をもてれば、クライエントも質問に答えていればいいのだとは思わなくなってくるでしょう。

一方、セラピスト側の要因でこうしたパターンが生じることもあります。セラピストが質問を考えてクライエントに質問しても、簡単な答えしか返ってこないために、別の質問を考えて、というのを繰り返しているうちに一問一答式に陥る場合です。セラピストは焦りを感じているかもしれません。しかし、別の質問を考えることにも限界があるので、ついには質問することが尽きて困り果てるというようなことになりかねません。この場合は、別の質問に移ろうとするのではなく、クライエントの答えを受けて、それを利用して話の流れを作るように工夫するのがよいと思います。

初心者のロールプレイを聞いていると、セラピストの側が沈黙を恐れるあまり、矢継ぎ早に質問してしまうことがあります。そんなふうにセラピストが質問ばかりしていると、クライエントは質問に答えなければならないように思い、次の質問を待って受け身に答えるだけの人になってしまうでしょう。自分のほうから話したいことがあっても、話せないままに帰るというようなこともあるかもしれません。沈黙を恐れることはありません。沈黙の意味を量ることができるようになればよいのです。

✤　✤

Q97 逆に、「クライエントは質問する人、セラピストは答える人」という図式が出来上がってしまっている場合は、どのように修正すればよいでしょうか？

A97 心理療法の進め方について改めて説明する／問い返す

先ほどの逆のパターンで、クライエントから次々と発せられる質問にセラピストが辟易することもあります。この場合も心理療法は二人で考えるものであるということを改めて伝えることが必要です。例えばこんな言い方もできるでしょう。

〈このところ、＊＊さんがいろいろ質問をして、私がそれに答えるという形になっているように思うのです。質問があるならもちろんしていただいてかまわないし、答えられることならお答えもします。ですが心理療法は基本的に二人で一緒に考えていくものです。私だけが考えて答えるというようなものではありません〉

もう一つの対応は、質問を受けて、〈そう質問されたのはどうしてですか?〉とか、〈＊＊さん自身はどう思われますか?〉とか、答えたあとで〈そう聞いてどう思いますか?〉と問い返すことです。つまり、すべてクライエントの心のことに話を戻すのです。もし、クライエントが自分の心から目を逸らすために質問する側に立って、セラピストに考えさせ、自分は考えないようにしていると感じられるのであれば、その場合は、〈何だか、私ばかりが答えていて、＊＊さんはあまり自分のことを考えなくてもいいみたいになっていませんか? 私の答えを待つだけでは、心理療法にならないように思うのですが〉と問いかけてみましょう。

✤　✤

Q98 対話がブツ切れになって、一つの話題がすぐに終わってしまいます。話の流れをもっと滑らかにするにはどうすればよいでしょうか?

A98 二言目を工夫する

対話がブツ切れになりやすい要因の一つは、セラピストがクライエントの話を受けて、その内容に沿った形で次の言葉を考えていないことにあると思います。筆者も、スーパーヴィジョンを受けたとき、二言目に何を言うかが大切だと指摘されたことをよく覚えています。こちらの質問に対してクライエントが何か答えたのだとすれば、その言葉を受けた形で次の応答をすれば、ラリーの感覚が生まれ、話に流れができます。それによって、話の深みも増してきます。クライエントにしても、自分の言ったことが受けとめられているという感覚をもてるでしょう。

質問したあとで、クライエントからどんな答えが返ってくるかわからないわけですから、それを受けて何かを返すためにはセラピストに臨機応変さが求められます。最初のうちはそれが難しいわけですが。とはいえ、いつも何か特別なことを言わないといけないわけではありません。クライエントの言ったことを繰り返したり、〈というと?〉と確認したりすることも含まれます。

✤　✤

Q99 **話は弾んでいますが、雑談でしかないような気がします。ただの雑談と、「一見雑談のように見える、意味のある話」とはどこがどう違うのでしょう?**

A99 **セラピストとしての意図を明確にもつ**

初心者のうちは、クライエントの話の意味がわからず、雑談しかしていないのではないかという不安を覚えることも少なくありません。しかし、スーパーヴィジョンなどを通して、一見雑談のように見える話にも実はクライエントにとって大切な意味があることがだんだんとわかってくると思います。

一方、セラピスト側の対話の進め方によっては、話がただの雑談になってしまうことも実際にみられます。会話の例を一つ挙げましょう。

〈先ほどドライブに行くのがストレス解消とおっしゃっていましたが、どんなところに行かれるのですか?〉
「京都とか」
〈ああ、いいですね。今年は紅葉はもう見に行かれましたか?〉
「いいえ、まだです。嵐山のほうとかはきれいですね」
〈そうですね。東福寺もいいですよ。人が多いので大変ですけどね〉

これでは完全な雑談です。こうした会話がラポール形成や居場所作りという面で有意義な場合もないとは言えませんし、そうやって色々と会話を楽しんだ上で、「実は……」といった核心の話が出てくることもありえます。ですが、そもそも、どこにドライブに行くかということをなぜ尋ねようとしたのか、セラピストとしての意図が明確になっている必要があります。話を広げることが、例えばストレス解消というテーマをより深めようという意図をもってなされるならよいですが、単なる観光案内になってしまっては、雑談に過ぎません。すべてがクライエント理解につながると考えているからこそ聞くのです。

ですから、クライエントの抱える課題とつなげるような聞き方をしなければなりません。例えば、〈どうして京都がいいのでしょう？〉〈どういうところが気に入っているのでしょう？〉と聞いてみてもよいでしょう。どこに行くかよりも、運転すること自体が楽しいという答えが返ってくるかもしれません。これらはクライエントをよりよく知るための情報になるはずですし、何か問題解決のためのヒントが得られるかもしれません。

✤　✤

Q100 **クライエントのほうが、「こんな話でいいんでしょうか？」と疑問をもったり恐縮したりすることがあります。この場合はどう言えばよいでしょうか？**

A100 **意味があると感じられれば、そのままでよいと伝える**

セラピストのほうは意味のある話だと思って聞いていても、クライエントが「こんなとりとめもない雑談みたいな話でいいんでしょうか？」と尋ねたり、「私、何の話をしているんでしょうね」と自嘲気味に語ったりすることがあります。確かに主訴と一見無関係な話をいろいろとしていくうちに、こんな話でいいのだろうかとクライエントが疑問に思うこともあるでしょうし、もっとちゃんとした話をしないとセラピストに申し訳ないというような気持ちになる人もいるようです。

「こんな話でいいんですか？」とクライエントが問うのは、自分の話していることの意味をクライエントがわかっていないことを表しているのかもしれません。人は時に自分が語っていることの意味を知らないままに語ります。言葉を字義どおり正しく使い、文法に適切に従っていたとしても、自分の語っている言葉が心理的にどのような意味をもっているかが必ずしもわかっているわけではありません。「しゃべっているうちにだんだんわかってきました」と言うクライエントがいるのは、こうしたためです。ですから、「こんな話でいいんですか？」に対して、セラピストは自信をもって〈それでいいんですよ。関係ないように思えても実は関係しているのでしょう。すべて＊＊さんのことですから、私は意味のある話だと思って聞いているんです〉と返します。場合によっては、自分が感じた意味を伝えることもあります。これが言えるためには、一見雑談のような話であっても、その話に心理的意味合いがあるということをセラピストが感じていることが必要です。

「こんな話ばかりでいいんですか？」というのが、セラピストからどう思われるかとか、基準からズレているのではないかという不安から来ていることもあります。それならば、〈いけないように思いますか？〉という応答の仕方もあるでしょう。

こんな例がありました。回が進み、二人の間に次第に信頼関係ができてきたところで、クライエントが楽しかったエピソードを語りだしました。そして、少し話したところで「こんな話ばかりでいいんですか？」と言いました。セラピストが〈いいんですよ、楽しそうな話だからむしろ聞きたいんですけど〉と言ったら、クライエントは時折笑い声を交えながら楽しげに話を続けました。この笑いはおそらくこんな話ではだめなのではないかという不安から解放された笑いなのでしょう。このクライエントは、「あれをしてはならない、こうしなければならない」と感じることが多かったのですが、徐々に「いけないわけではない、したいのであればすればいい」と思えるようになってきていました。それを確認するかのように質問し、承認が得られたことが解放感を生んだのだと考えられます。他者から受容されることを通して、自分で自分を受容できるようになってきたとも言えるでしょう。

✤

✤

Q101 話を聞いていたら、クライエントが突然「話は変わりますけど」と言って話を変えました。あまりにも唐突で、戸惑ってしまいました。これはどう考えたらよいでしょうか？

A101 前進のサイン／抵抗／実は変わっていないこともある

「話は変わりますけど」とクライエントが言うのには、さまざまな場合があります。話が一段落して次の話に進もうとしているのであれば、セラピストも納得がいくので、「はい、どうぞ」といった感じで応じればよいわけですが、「ん？　唐突だなあ。どうしてだろう」と不思議に思うこともあります。そのとき一つ考えられることは心理療法への抵抗です。自分で自分の心をこれ以上見つめることが怖かったり、セラピストに何か嫌なことを言われるんじゃないかと危惧したりで、これ以上この話を深めることの危険を感じて急いで話を変えたのかもしれません。

ですが、いつも抵抗とは限りません。興味深いことに、「話は変わりますけど」とクライエントが前置きするので、どんな話になるのかと思って聞いていたら、「あれ、あんまり変わってないぞ」と思うことがけっこうあります。なぜあまり変わらないかと言うと、それは「前の話の連想として思い出された似たような話」だからです。つまりこの場合の「話は変わりますけど」は、「そういえば同じようなことが他にもありました」という意味です。表面的には変わったように見えて、実は同じ構造をもった話なのです。ですから、クライエントが「話は変わりますけど」と言った場合、半分は「あまり変わらないかもしれないぞ」と思いながら聞くとよいと思います。

さて、その二つの話に共通点があることをクライエントがいつも自覚できているかというと、実際はそうではありません。そこで、話が一段落したところで、セラピストから〈あれ、さっきの話とあまり変わりませんでしたね〉と指摘してみることもあります。すると、「ああ、そういえばそうですね」とクライエントも気づき、その場で笑いが起きたこともあります。

Q102 こちらが口を挟めないほどに一人でずっと早口でしゃべっているクライエントの場合、途中で話を遮ってもよいのでしょうか？　反対に、自分からほとんどしゃべらないクライエントの場合は、こちらから次々に質問したほうがよいのでしょうか？

A102 クライエントの話し方をアセスメントし、それに合わせながら進め方を考える

クライエントの話し方は人それぞれです。早口でまくし立てる人。寡黙な人。これまでの自分の歴史を時系列順に理路整然と語る人（その中には、他の相談機関ですでに何度か同じことを話してきたので、話がだんだんとまとまってきたという人もいることでしょう）。逆に、話が枝葉末節に渡ったり、あちこちに行ったり来たりして、話の筋がつかみにくい人。思いばかりを語って事実関係がわかりにくい人。逆に、事実ばかりを語って思いが伝わらない人。これらはそのクライエントのパーソナリティの一端を示すものですから、そのクライエントの話し方にある程度合わせて話を進めていくことは、信頼関係の形成のために必要なことです。

早口でどんどん喋る人の場合、最初はやはりともかく聞くことが大切で、いきなり遮るのはどうかと思います。ただ、本当に一時間ずっと喋りっぱなしでそれだけで終わってしまいそうなときは、多少は話を遮って事実や思いを確認しながら進むほうがよいでしょう。「セラピストが何も言わないからひたすらしゃべっていた」と語るクライエントもいて、どちらが先なのかわからなくなることがあります。

逆にあまり喋らないクライエントの場合、質問すれば答えられるのであれば〈自分からは話しにくいですか？〉と確認した上で、〈じゃあこちらから少しずつ質問しますね〉と言って、話をリードします。とはいえ、次々に質問するというのとは違います。質問しても答えられないのであれば、〈うまく話す必要はないんですよ〉とか〈どう言えばいいのか自分でもわからないのでしょうか？〉といった言葉を

挟んでみます。それでも難しいようなら、「今は話せない」ことを受け容れます。

✤　✤

Q 103 今会っているクライエントは、話がどんどん脇道に逸れていく話し方をします。受容的に聞いてはいますが、話にまとまりがなく、このまま聞いていていいのかという気持ちに襲われます。

A 103 その事例の目標に応じて考える

効率よく話をするとか、どうすれば伝わるかを考えながら話せるようになることを目標とする訓練的要素のあるセラピーの場合には、枝葉の話になりすぎていることを指摘するのは必要なことでしょう。一方、無条件に受け入れてもらう体験をすることがクライエントにとって必要なことなら、ひたすら聞くほうがよいでしょう。まだ整理されていないさまざまな気持ちを話して、まとめていきたいのだが、自分ではうまくまとめられないので、セラピストに道筋を作ってほしいクライエントの場合には、最初はゆったりと聞き、徐々にセラピストのほうからある程度まとめていくお手伝いをするでしょう。要するに、その事例全体の目標に照らして決めることです。

心理療法は効率性にだけ価値を置くものではありませんが、それでも時間を無駄に使うことをよしとするわけではありません。あまりにも話が横道に逸れ、「一見無関係な話だが実は重要な話」でもなさそうな場合、限られた時間の中では、かいつまんで話してもらうように伝えるべきときもあるでしょう。クライエントは自由に話してかまいませんが、セラピストには面接が有意義なものになるように進める運営責任があるからです。ただし、セラピストのほうから話を遮ったとき、クライエントが「今の話は途中で切られた、この話はしてはいけないのかな」などと責められたみたいに受けとめないよう配慮すべきです。

例えば、〈ごめんなさい。できるだけ有意義な時間にしたいと思って言うのですが、時間もあまりないので、話を元に戻しましょうか〉とか〈あまり細かいことは横に置いておいて、話を前に進めませんか〉というような言い方もできます。妄想的な話が広がりすぎた場合であれば、〈ごめんなさい。ちょっとついていけなくなってきました〉と、セラピスト側の混乱として伝えることもできるでしょう。クライエント自身、話していて自分でも何を話しているのかわからなくなってきたという場合があります。その場合は、〈いいえ、まとまった形でお話しいただく必要はないんですよ〉と言った上で、〈じゃあ、少し整理してみましょうか〉と要約を伝えるのもよいでしょう。

話が脇道に逸れてはいるが、脇道の話も大事な内容だと思える場合はどうでしょうか。脇道の話を続けたほうがいいのか、それとも元々の話に戻したほうがいいのか。今日のうちに本筋の話をあるところまで詰めて聞いておかねばならないのであれば話を元に戻すでしょうし、特にその必要がなく、この脇道に逸れたことにもまた意味があるのだから流れを大事にしたほうがよいと思えるのであれば、そのまま脇道の話を聞けばよいと思います。

✤　✤

Q104 思いは語るのですが、何があったのかをちゃんと説明してくれないクライエントなので、あまり共感ができずにいます。

A104 事実を聞くことも思いを聞くこともどちらも必要

思いばかりで事実関係がわかりにくい人の場合には、ときどき口を挟み、できるだけ事実を明らかにすることも大切です。自分の話し方が悪いのだと責められたように感じないように配慮しながら、〈お気持ちを理解するために、もう少し何があったのかをお聞きしたいのです……〉といった言い方をするのも一つでしょう。話しているうちに、クライエントの思いが高じて興奮しすぎ、「何の話でしたっけ」と話の筋を見失うようなこともあります。そのとき、セラピストは、〈話を元に戻しましょうか〉と冷静な態度を取りましょう。そうすれば、クライエントも冷静さを取り戻しやすくなります。

　一方、事実ばかりを語る人の場合は、思いを聞き出すことも大事です。ただし、思いが語れない人、自分の思いに目を向けられない人もいます。「思い」と言っても、他者について、「見ていてこう思った」「あの人はこういう人なんだと思った」は言えるけれども、出来事の中で「辛かった」「淋しかった」「嬉しかった」など、自分の中に湧いてきた感情を話すことが難しい人もいます。感情を自覚できていないのでしょうか。自覚はしているが言葉にならないのでしょうか。言葉になっているが言えないのでしょうか。そうした場合は、慌てず、その人のペースで徐々に語れるようになっていってもらえばよいのです。

コラム

話し方のアセスメントと関わり方

［話す量とスピード］

●矢継ぎ早に話す人⇩まずはしっかり聞き、徐々にやり取りになるように介入する

●しゃべらない人

質問すれば答える⇩〈こちらから質問しますね〉

質問しても答えない・答えられない・聞けない雰囲気がある

⇩ひと声かけてみて、それでも話せないなら言葉になるのを待つ

［話のまとまり］

●話があちこちに行く人⇩必要に応じてまとめたり、話が前に進むように介入する

●理路整然と語る人⇩あまりにも出来上がりすぎのときは、あえて崩すことも大事

［事実と思いのバランス］

●事実ばかり語る人⇩思いも聞く。すぐに出てこない場合は時間をかける

●思いばかりを語り、事実関係がよくわからない人⇩折に触れて事実を確認する

13　質問する

Q105　事実関係をどこまで質問していいのかがわかりません。傾聴が大事と習ったので、あまりあれこれ質問してはいけないような気がしてしまって……。

A105　具体的な情報を得ることで共感が深まる／見立てが変わる

大学生のクライエントが「ゲームをやりすぎていて。やめないといけないと思うのだけれど、やめられない」と言ったとしましょう。これに対して、〈やめたいけどやめられない……〉と、繰り返す応答もあるでしょう。一方で、〈どれくらいの時間やっておられるのですか？〉〈どんなゲームですか？〉〈いつ頃からですか？〉といった事実関係の質問も思いつきます。

摂食障害ならば、いつから、どんなきっかけで始まったのか、身長と体重は今はどうで、これまでどのように変動してきたのか、今はどれくらい食べるのか、吐くこともあるかなどを聞いていく必要があります。

こうした事実関係の質問はしてはいけないことはないし、聞かないと実際の様子はわかりません。心理療法における話は具体的なほうがよいと言えます。具体性の中に心が現れるからです。具体的に話すように求めて情報を得ることで、セラピストも状況をより具体的にイメージして、「やめたいけどやめられない」という気持ちにより深く共感することができます。何が起きたのか、どんな状態であったのかをクライエントに具体的に聞くことなしに、話を深めることはできません。事実関係がしっかり聞けていないのに、〈大変ですねえ〉のような応答をしても、その共感は薄っぺらなものになってしまうでしょう。

また、情報を得ることで見立てが変わってきます。暴力沙汰を起こしたクライエントに話を聞いたら、「馬鹿にされたので腹が立って殴った」と言うので、〈何と言って馬鹿にされたの？〉と問うてみました。すると、「実際に何か言われたわけではないですけど」という答えが返ってきました。「馬鹿にされたので腹が立って殴った」と「馬鹿にされたように思ったので腹が立って殴った」は違います。これは、聞いてみなければわからなかったでしょう。これによってその後のセラピストの対応は変わってきます。誰が見ても「馬鹿にされた」と感じるような状況であったのならば、殴ったという行為そのものは問題があるとしても、馬鹿にされたことには共感が必要でしょう。その上で、馬鹿にされたことによる不快な感情を、殴る以外の方法でうまく伝えることはできないかという話になっていくと思います。一方、その人だけが主観的に馬鹿にされたと感じたのであれば、馬鹿にされたように思ったという認知の仕方にも着目する必要が出てきます。

質問してもいいところでどうしてしなかったのかと初心者のセラピストに尋ねると、「傾聴が大事なので言葉を挟まないほうがいいかと思った」とか、「根掘り葉掘り聞くことになりそうな気がしたので」とか、「セラピストがしゃべりすぎになるんじゃないかと思った」といった答えが返ってくることがあります。しかし情報を得ることはやはり大事です。クライエントは話を聞いてほしいと思って来ているのですから、せっかく話しはじめたのにセラピストが具体的に聞いてくれなければ、拍子抜けすることもあるでしょう。

Q106 〈具体的に話してください〉と言ったら、「そんなのは無理です」と少し怒りながら言った人がいましたが、理由は説明してくれませんでした。

A106 心の中がバレるのが怖い人もいる

確かに、具体的に聞かれるのを嫌がるクライエントもいます。詳細に語るエネルギーが低下している場合は、無理強いはできません。話したいけれども、言語表現が苦手で、引き出してもらえれば語れるという人の場合は、話しやすいように質問を工夫しながら聞いていきましょう。中には、「具体的に話すと、心の中が全部ばれてしまいそうで怖い」と言った人もいました。人から裏切られた体験をもっているため、詳細に話すことで、自分の感じ方、考え方を相手に「握られてしまう」ことを恐れているようでした。それがわかってくるまで、時間はかかりましたが。そのクライエントの場合は、急がず、徐々に信頼関係を作っていくことで、段々と具体的に話せるようになっていき、そのことを指摘すると、クライエント自身も嬉しそうにしていました。

✤　✤

Q107 事実に対する思いを聞くというのはどうすればよいのでしょうか？

A107 クライエントに直接尋ねてみればよい

心理療法において事実関係を聞くのはそれに対する思いを聞くためであると言っても過言ではありません。クライエントが事実ばかり語る場合、クライエントがそういうタイプの人だという可能性もありますが、セラピストのほうが思いを聞こうとしていないことも考えられます。思いを聞かないのは、セラピストが事実を聞いただけで満足しているのかもしれませんし、クライエントの思いを推測してきっとこう思ったに違いないと思い込んでいるのかもしれません。

　例えば、スーパーヴィジョンで「クライエントは障害名の告知を受けたそうです」と報告したセラピストに、クライエントはどう思ったのかと尋ねてみると、「聞いてはいないですけど、一般的に言ってたぶんショックだったんじゃないかと思います」という返答があったりします。「障害という言葉を初めて聞いてショックを受けた」のか、「うすうす感づいていたけど、いざ聞くとやはり受け入れがたい」のか、「僕はそれでこれまでうまく行かないことがあったんだとわかって安心した」のか、それは直接に聞いてみなければわかりません。

　これについては、クライエントとこんなやり取りもできるでしょう。〈聞いたときは、どんな気持ちが湧いてきたんですか？〉「イヤーな感じ」〈イヤーな感じ……〉「はい」〈イヤーな感じって、どんなふうに？　もう少し詳しく言えますか？〉。気持ちが聞けないのは、もしかするとセラピストの側が自分の気持ちに開かれていないからなのかもしれません。

　あるクライエントから自殺未遂をしたことがあるという話が出たとします。この場合は、何を確認する必要があるでしょうか。計画的に死のうと思ってやったのでしょうか、それとも前後の見境なく衝動的にやったのでしょうか。実行したときのことは覚えているでしょうか。救急車で運ばれたのであれば、誰が呼んだのでしょうか。自分なのか、それとも他の誰かなのか。自分で呼んだのなら、途中で死ぬのをやめようと思ったのでしょうか。そうだとすればそれはなぜでしょうか。あるいは途中で急に我に返ったのでしょうか。そして、生き残ったときはどう思ったのでしょうか。「助かった」だったのか、「なんて馬鹿なことをしたんだろう」だったのか、「今回はうまく行かなかったが、次は必ず成功させよう」だったのか、「俺は自殺もできない奴なんだ」だったのか。この場合、事実と思いは、きれいには分かれません。事実を聞きながら、思いを聞いていきましょう。

✤　✤

Q 108 クライエントの話に少しわかりにくいところがありました。でも、聞き返すのは悪いかと思ってそのままにしましたが、結局よくわからないままになってしまいました。わからないときは聞き返してもかまわないのでしょうか？

A 108 明確にできることまで曖昧なままにしておかない／聞き返すことはクライエントの自己理解を促す

どれだけ聞いてもはっきりしないことというのはありますから、セラピストには曖昧さに耐える力も必要ですが、それは明確にできることまで曖昧なままにしておこうという意味ではありません。

事実関係でよくわからない点があれば、それは査定のために確認しておきましょう。考えや気持ちの面でわからない部分があった場合も、例えば〈今のはちょっとよくわからなかったので、もう少し説明してもらえますか？〉と聞き返してかまいません。そうすることで、クライエントは「こういう言い方では人には伝わらないんだ」という気づきを得ることもあるでしょう。

クライエントが語った内容の一部を取り上げ、さらに詳しく聞いていくということは、言わば「？（クエスチョンマーク）」をつけることです。〈それはどういうことですか？〉と尋ねるのですから、「当たり前のことではない」と伝えているわけです。セラピストからの「？」を契機としてクライエントは自分の言葉や考えに「？」をつけます。つまり、セラピストが聞き返すことは、セラピストが情報を得て査定に役立てるだけではなく、クライエントがセラピストに問われたことを通して自分自身に問いかけ、自己理解を深めるためでもあるのです。問われることで、クライエントは自分で曖昧だったところがはっきりしたり、自分の気持ちに気づいたりできます。

話がよくわからなくて聞き返すと言っても、もちろん責めるように言うのではありません。それでもクライエントによっては責められているように感じて、自分の説明能力の低さに劣等感を抱く人もいます。「すみません」とクライエントが言ったときは、〈いえ、責めているのではないんですよ。曖昧などころをそのままにしておかないほうがいいと思って伺ったんです〉というように、意図を明確に説明しましょう。

✣　✣

Q109 クライエントにある質問をしたら、「どうしてそんなこと聞くんですか？」と尋ね返され、戸惑ってしまいました。あまりよくない質問だったのでしょうか？

A109 質問の意図がクライエントに伝わるように問うこと

クライエントはセラピストの質問の意図がわからず、心の負担を感じたのかもしれません。なぜこういう質問をされたんだろうという疑問が湧き、心を開いて答えることが難しくなったのでしょう。中には、セラピストは自分の好奇心を満たすために聞いたのではないか、といった疑念をもつ人もいます。ですから、「確かに今それを問われるのはもっともなことだ。私にとって必要なことだ」とクライエントに感じてもらえるように問うことが大切です。つまり、質問の意図がクライエントに伝わるように問うのです。

質問の意図が伝わるようにするには、一つは自然な流れの中で問うことです。それまでの話の流れとその質問との間の距離がそれほど開いていなければ、質問の意図は自然と伝わりやすくなります。そしてもう一つは、質問の意図をはっきりと説明することです。

例えば、質問したあとで、〈というのは、先ほどこう言っておられたので、これはどうなのかなあと思ったのですが〉と言葉を添える言い方もできます。もし、質問したことでクライエントが批判されたかのように感じている場合は、〈批判しているんじゃないですよ。人の気持ちは複雑だから、同じことを体験しても人によって感じ方は違うし、一つのことに対していくつかの気持ちが同時に湧いたりすることもあります。だから、どんな気持ちでいたのかは本人に聞いてみないとわからないと思って聞いているんです〉のように意図を説明します。セラピスト側が、こんな説明などしなくても伝わっているのではないかという「わかりあっている幻想」をいつのまにかもってしまっていることもあるので、この手の説明の言葉は惜しまないほうがよいと思います。

✤　✤

Q110 聞くべき内容が性や死に関わるものだと、どこまで聞いていいのかなと躊躇してしまいます。

A110 聞き返されても、意図を伝えて納得を得られる自信があれば聞ける

確かに、質問しようとする内容が性や死に関わる場合には、質問することへの躊躇は高まるかもしれません。その場合、自然な流れの中で、質問の意図がクライエントに伝わるように問うという原則はより重要度が増します。

セラピストはまず、なぜこれを聞く必要があるのかを自分の中ではっきりさせ、今なら言えるという適切なタイミングを待つことです。たとえクライエントに、「どうしてそう聞いたのか」と聞き返されても答えられる自信、納得を得られる自信があれば、聞きにくいことも聞けるものです。逆に、聞くか聞かぬか自分の中でまだ迷いが大きい場合は、無理に聞かずに、もうしばらく待つほうがよいでしょう。

✤　✤

Q111 〈なぜですか?〉と理由を尋ねる質問は答えにくいのであまり使わないほうがよいと聞いたことがありますが、使うべきではないのでしょうか?

A111 クライエント自身の自問自答を深めるために使うことはある

あまり使わないほうがいいと言われるのは、自分でも理由がわからない人に、なぜですかと聞いても、わからないとしか答えようがないというのが一つです。一般的にいって、「はい、いいえ」で答えるクローズドな質問のほうが答えやすいからというのがもう一つの理由でしょう。

しかし、「なぜだろう」という質問も大切な技法です。例えば、〈どうしてそういうことになったのかなあ……〉とセラピストが目を逸らして独り言のように言い、「なぜ」に導いていくこともあります。それをきっかけに、「なぜか、ですか……。うーん、何でなんだろう」と深く考えはじめるクライエントもいます。クライエントが自分自身に対して「なぜ」と問いかけることができるように、セラピストがクライエントに「なぜ」と問いかけるのです。

ちなみに、「はい、いいえ」で答えるほうが答えやすいかについても、誰もがそうだとは限りません。「私は、ああでもない、こうでもないという話し方ならできますが、きっぱりとこっちですというのはなかなか言いにくいです」と言う人もいますから。

✤　✤

Q112　質問をしても答えあぐねているクライエントがいます。こういうときはじっと待っているほうがよいのでしょうか、それとも質問を変えたほうがよいのでしょうか？

A112　待っていれば答えが出そうならじっくり待つし、待っても難しそうなら助け舟を出す、それでも無理なら話題を変える

例えば、〈そのときどう思ったの？〉と尋ねても、「どうって言われても……」となることがあります。自分の気持ちなど考えたこともなかったのかもしれないし、感情が複雑すぎて、正確な言葉にしようと思うと答えるのがなかなか難しいのかもしれません。また、いろいろな思いがありすぎて、どこから喋っていいのかわからないのかもしれないし、気持ちを語ったらどう思われるかが不安で言えないのかもしれません。

しばらく待っても、答えにくそうにしているときは、助け舟を出してみます。問い詰めるのが目的ではありませんから。質問の形を変えてみることもできますし、〈例えば、こんなことなのかな。それともこんな場合もあるかもしれないけど〉というふうに可能性をいくつか挙げることもできます。

可能性を挙げるときに大切なのは、クライエントによる訂正を期待することです。自分が挙げた選択肢を必ずしも肯定してもらうために言うのではありません。クライエントはセラピストの挙げた選択肢をたたき台として「そのとおり」という部分と「そうじゃなくて…」という部分に分けます。「そのとおり」の部分に関しては、自分の中の感情や思いが言葉で表現されたという体験になるでしょうし、「そうじゃなくて」の部分については、より正確な言葉を探そうとするでしょう。その意味では、挙げる選択肢は、多少ズレていてもかまいません。むしろ、いくらかズレていることが、クライエントの建設的な否定を引き出すことさえあります。もし、例を挙げられたことで、なんだか決めつけられたように感じたクライエントには、〈可能性を挙げただけですよ〉と意図を説明します。

このような助け舟を出してもなお答えるのが難しい場合は、無理せず、その質問から離れて別の話題に移ったほうがよいと思います。

✤　✤

Q113 「今回は質問しよう」と思っていたことがあったのですが、結局聞けませんでした。よかったのかと少し不安です。

A113 形は変わっても、いずれまた同じテーマが語られているときに聞くのが自然

質問することは大事ですが、こちらの聞きたいことをこちらの聞きたい順番に聞けるわけではありません。話には流れというものがありますから、聞きたいことを後回しにすることはいくらでもあります。その回のうちに聞けるようであれば、クライエントの話が一段落したときに、〈先ほどの話で、あと少し伺っておきたいことがあるのですが〉と言って尋ねてみればよいでしょう。しかし、時間の関係でそ

れもできないことがあります。

その回に聞けずに残ったことは次回以降、折を見て聞いていけばよいのです。また、次の回に必ず聞かないといけないわけでもありません。スーパーヴァイジーに〈このことは聞いておいたほうがいい〉と言うと、次の回に必ず聞かないといけない宿題のように感じて、流れを無視して尋ねたりすることがあるようです。しかも、次の回の冒頭に、前のめり気味に尋ねることも。気持ちはわからないではありませんが、スーパーヴァイザーのほうを向いて仕事をしているわけではありませんので、クライエントとの話の流れを大事にしてください。「今ならこちらからこの質問をするのは自然だ」と思える時がやって来ます。そのタイミングが来たときは、逃さずに聞いてください。

クライエントにとって重要な話は、まったく同じ話でなくても、繰り返し語られます。その時が聞くタイミングです。もう二度とその話題は取り上げられないというようなものではありません。たとえ話の外形は大きく違っても、同じテーマを巡る話だとわかる場合もあります。形の違いに惑わされず、そのテーマに気づくことが大切です。

14 沈黙

Q114 クライエントが長めの沈黙をすると、そのまま黙っているほうがよいのか、口を挟んだほうがよいのか迷ってしまいます。

A114 沈黙の意味を感じ取る

沈黙に対して、いつもすぐに言葉を挟むことに決めているというのもおかしいですし、常にダンマリを決め込むというのも時間の浪費でしかありません。その時々に応じて対応は変わります。

発話と沈黙は図と地の関係にあり、沈黙にもさまざまな意味があります。この沈黙はどういう意味なのかが理解できてくれば、セラピストの迷いは減ります。沈黙に対する居心地の悪さは、沈黙の意味を図りかねるところから来るのです。

では、沈黙にはどのような意味があるのでしょうか。まずは、「言葉にはなっているが口に出せない沈黙」があります。自分の心の中にそんな気持ちがあることを認めたくない、うまく言えそうもない、わかってもらえると思えない、自分の正直な気持ちを口に出したら自分が壊れてしまいそうで怖いなど、口に出すことへの抵抗としての沈黙です。この場合、セラピストの態度としては〈どんなことでも聞きますよ。しっかり受けとめますよ〉というのが一つ、クライエントのそうした不安や疑念そのものを取り上げるのが一つです。

「言葉にならない沈黙」もあります。例えば、自分に何が起きているのか深く考え、次第に自分の中で言葉になってくるのを待っているときの沈黙がそれです。自分について深く考えているとき、人は黙ります。この沈黙は邪魔しないほうがよいものです。セラピストはクライエントの考えが少しずつ言葉になってくるのを待ちます。沈黙に対して、こちらから切り出そうかどうかと迷いながら沈黙していたら、クライエントのほうから大事な話が語られて、こっちから口を開かなくてよかったという体験をすることがあります。まさに沈黙の大切さが実感をもってわかる瞬間です。

言葉にならない沈黙には、クライエントが感情に圧倒されている場合もあります。セラピストのほうもクライエントの話を聞いて、その苦しさに共感し、〈そうかあ〉と言ったきり言葉を失うかもしれません。言葉にしようとしても言葉からこぼれ落ちるものが多く、言葉にできないと感じるなら、言葉になるところは言葉にしてもらい、今はまだ言葉で掬えないものは、そのまま一緒に抱えるほうがよいでしょう。丸ごと抱え、一緒に味わうことで、感情がまとまってくるのです。〈いろいろな思いがおありなんですね〉と言うのも一つでしょう。

「言葉にしたくない沈黙」もあります。二人とも心が落ち着き、時間が静かに流れていくのを感じているような沈黙です。この場合は、何も介入せずに黙って味わうのがよいでしょう。あるいは〈なんか落ち着きますね〉とつぶやくこともあります。何が起きているのでしょうか。クライエントがこれまで得たくても得られなかったものなのでしょうか、それとも何か別の意味があるのでしょうか。

「成し遂げたあとの沈黙」もあります。一つのテーマについての話が一段落したとか、何か一つ課題を乗り越えたという達成感があるときには、こうした沈黙が起こりえます。あるいは次の前進の前の小休止なのかもしれません。この場合は、できたことを一緒に確認したり、次の課題となることを明確化してもよいでしょう。

コラム

沈黙の意味

- 言葉にはなっているが口に出せない沈黙
- 言葉にならない沈黙
- 言葉にしたくない沈黙
- 成し遂げたあとの沈黙

Q115 沈黙にいくつかの意味があることはわかります。でも、他ならぬ目の前のこの沈黙がどういう意味なのかは、どうやったらわかるのでしょうか？

A115 手がかりを得るために言葉をかけてみる

沈黙の意味がわかりにくいときには、その手がかりを得るために言葉を挟むこともあります。クライエントに何も聞かずに、セラピスト一人で考えて的確な判断をしようと思う必要はありません。長めの沈黙が続き、その意味がわかりにくいときは、例えば〈どんなことを話してくださってもいいんですよ。昔のこと、この一週間のこと、今こうやって静かにしていると思い浮かんでくること、夜中に見た夢の話でもいいんです〉などと再び保証してもよいでしょう。それによって、セラピストの受容的態度を再確認した上で話しはじめる人もいます。うまく話さないといけないという思いが強すぎて逆に話せないとか、うまく話せないんじゃないかという不安を抱いていそうな人に対しては、〈上手に言う必要はないんですよ〉と伝えてみましょう。

他にも、〈今どんなことを感じていますか？〉〈今どんなことが心に浮かんでいますか？〉と尋ねるやり方もあります。あるいはクライエントが沈黙する前に言っていた言葉をそのまま繰り返してみたり、〈先ほどはこんなことを言っておられましたね〉と沈黙前の言葉とつなげる言い方もできます。

ちなみに、長い間沈黙したあとでクライエントが話しはじめた場合、話の内容を聞いた上で、〈今までで一番長い沈黙でしたね〉というふうに沈黙自体を話題にすることもできます。そうすれば沈黙の意味が事後的にわかるかもしれません。

✤　✤

Q116　沈黙に対して言葉かけをしてみたのですが、クライエントは首を傾げ、困っている様子を見せるだけでした。こういうときはどうすればよいでしょうか？

A116　沈黙に対するセラピストの考えを率直に伝えてみる

言葉かけをしてもなお沈黙が続き、その意味がよくわからないときには、沈黙に対するセラピストの考えを率直に伝えることもあります。例えば〈言わないといけないわけではないんですよ。五〇分間を言葉で埋めないといけないわけではありません。こうして二人で黙っているのがいい場合もあるんです。でも逆に時間を無駄に過ごすことになったらもったいないとも思っています。どうすることが＊＊さんにとって意義のある時間になるかなと、私は考えているんですけれど〉というような言い方もあるでしょう。

こんなふうに伝えると、「話したいことはあるんですけど、何と言ったらいいかわからなくて」というような言葉が返ってくる場合もあります。表現したいことはあるが言葉で伝えることが難しいのであれば、〈まだ自分の中でも言葉にならないんですね。少しずつ言葉にしていってくださったらいいんですよ。すぐに言葉になるわけではありませんし、言葉になっても、言い出すまで時間がかかることもあります。ゆっくりと待つつもりでいますから〉と伝えます。あるいは、描画や箱庭などの表現療法に誘ってみるのも一つの方法です。

「何を話したらいいかわかりません」という反応が返ってくることもあります。クライエントが話に困り、沈黙をあまりに苦痛に感じている様子であれば、〈じゃあ、こちらから聞きましょうか。前にこんなことを言っておられたと思うのですが……〉のようにこちらから話題を出すこともあります。ただし、セラピストのほうが沈黙に耐えられなくなって、というのとは違います。

「質問してもらえれば答えられるんですけど」と言うクライエントもいます。自分から話すのが苦手な人もいるものです。その場合は、〈自分からは話しづらいですか？　では、当面、私のほうからいくつか質問しますね。自分のほうから話したいことが出てきたら、そのときは言ってみてください〉とセラピストとしての意図を伝えながら言うと、安心するクライエントもいると思います。

✤　✤

Q117　長い沈黙でしたが、何かを考えているようだったので、クライエントから話し出すのを待っていました。しばらくしてクライエントから話し出したのですが、沈黙する前に話していたことと関係のなさそうなことだったので、どう扱ったらいいのか少し戸惑いました。

A117　連想の流れを辿る

沈黙前の話と、一見関係がないように見えて、クライエントの中では連想でつながっている可能性もあります。クライエントがAの話をしたあとで沈黙したとします。その間、クライエントはAからBを連想し、BからCを、CからDを、DからEを続けて連想していたとしましょう。そしてEの話をしようと口を開きます。聞き手の側からすると、「Aの話のあとに沈黙があり、口を開いたと思ったらEの話だった、つながりがよくわからない」という体験になるわけです。AとEがどのようにつながっているのかをクライエントに問うてみることで、何かが明らかになるかもしれません。例えば、こんな言い方です。〈先ほどはAの話をされていましたね。その後沈黙があって、それで今Eの話になったのですが、＊＊さんの中では、その二つのことはつながっているんでしょうか？〉。

もちろん、実際に関係がない場合もあります。例えば、いかにも話を逸らしたなと感じられた場合は、〈あれ？　話が大きく変わりましたね〉と話を逸らしたことを話題に取り上げることもできるでしょう。

15　話を深める・話が深まる

Q118　もう少し突っ込んで聞いてみようかとも思うのですが、あまり突っ込んでも圧迫することになってしまうような気がして、結局、話が深まらないまま次の話に移ってしまいます。

A118　深めることを恐れない

特に初心者は話を深めるのが怖くて表面的な話に終始してしまうことがあります。核心に触れることを避け、「よい人」として振る舞い、励まし、楽しい話をして明るい気分になって帰ってもらおうとするのです。触れてもよいときに触れずに済ませてしまうのは、セラピストの側が侵襲的になることを過度に恐れているからなのかもしれません。

例えば、クライエントから自殺未遂をしたことがあるという話が出てきたとき、あるいは子ども時代に親から虐待を受けていたという話が語られたとき、詳しく聞いても何もできないように思えたり、聞くことでかえって辛くさせるのではないかと恐れるあまり、取り上げずに話を流してしまうようなことも見られます。クライエントは腫れ物に触るような扱いを受けるためにお金を払って来ているわけではありません。自分の心の課題に直面してそれに取り組むために来ているのです。いつでも、どんなことでも触れればよいわけではありませんが、心の痛みにしっかりと触れることが支えになる場合もあります。

カウンセリングにおいて聞くことは大切なことですが、聞いたことを心理的援助につなげる工夫をしなければなりません。その点ではカウンセラーの能動性が発揮されなければならないのです。深めることを恐れずに聞いてみましょう。

✤　✤

Q119 踏み込むときに気をつけることはどういうことでしょうか？

A119 触れるときはしっかりと触れる

セラピストは、クライエントが何に直面する必要があるのかを徐々に理解していき、ここぞというタイミングでセラピストが自分の考えをクライエントに問いかけます。クライエントは問われたその問いを今度は自らに問うて答えようとするでしょう。これが心に変化をもたらすのです。セラピストはクライエントがその体験の中から得た自分なりの答えを自分の中に収めていく作業を支えます。直面化してもらうための言葉は、かなり長いものから短いものまであります。クライエントが話の語尾に「……けど」をつけたのを受けて、〈けど？〉と聞き返すだけでも話を深めることに役立ちます。

外科医は手術の際、切るのであればよく切れるメスでスパッと切らないといけません。「メスを入れたら可哀想」と言っていたら手術はできません。同じように、心理療法家も、クライエントの心の痛みに触れるならしっかり触れないといけません。それには、セラピスト側にも覚悟が要ります。クライエントが痛みを覚えることはセラピストにとっても辛いことです。セラピストは、「クライエントが痛みに耐えながら自分の問題に直面している」ことで感じる自分自身の痛みに耐える強さをもたねばなりません。

✤　✤

Q120 クライエントはまだ語っていない秘密があることを匂わせつつも、言うか言うまいか迷っている様子でした。私はクライエントへの配慮のつもりで〈言いたくないことは言わなくていいですよ〉と言いました。結局、秘密は語られませんでした。こういうふうな言い方はしないほうがよかったのでしょうか？

A120 言うか言わないかは自由であることと、言いたくなったら言ってほしいことを両方伝える

秘密を言いあぐねているように見えるクライエントに、セラピストが〈言いたくないことは言わなくてもいいですよ〉と言うのは、クライエントが言いたくないことまで言わされて傷つかないようにという配慮からなのでしょう。秘密を無理やり聞き出そうとしているのではないし、好奇心から聞いているのではないことを示そうとしているのかもしれません。確かに、無理に口を開かせようとしても、逆にセラピーへの抵抗を強めることになるでしょうし、最後まで言わずに終結していく例もあるのですから、すべての秘密を語ることが不可欠というわけではありません。

一方、発話は前進のための一歩となりえます。不愉快な思いを伴うものであっても、言わなければならないこともあります。その意味では、〈言いたくないことは言わなくてもいい〉とだけ言うことは、クライエントの秘密を語ろうとする気持ちを削いでしまうことにもなりかねません。〈どちらでも自由ですよ〉は間違ってはいませんが、それだけではセラピストとしての踏み込みが足りないように思います。

例えば、こんな言い方もできるでしょう。〈話したくないのであれば、無理に話すことはありません。私も無理に聞き出そうとは思いません。言うと自分が傷つきそうに感じるなら無理に言うことはないとも思います。心にちゃんとしまっておいたほうがよい秘密もありますから。でも、話すことで一歩前に進めるような気がするなら、話してみてほしいという気持ちもあります。話してくださったことはしっかりと受けとめるつもりでいますので。もし、話したいけどまだ心の準備が整っていないと感じておられるなら、準備が整うまで待ちます。今なら言えると思ったら、そのときに言ってくださったら結構です。それから、言いたいことはあるんだけど、どう言えばいいかまだ言葉にならないのであれば、時間がかかってもいいですから、少しずつ言葉にしていってくだされば嬉しく思います〉。つまり、言うか言わないかは自由であることと、言いたくなったら言ってほしいということを両方伝えておくのです。こう言って、あとの判断はクライエントに委ねます。

言いたくないと言っていたクライエントも、セラピストが聞く用意があると伝えると気が変わることもあります。ある中年期女性はほぼ毎週熱心にカウンセリングに通ってきていましたが、一年以上経過したある日、長い沈黙が続きました。そこで筆者は先ほどのような言い方をしました。その回の後半になって、クライエントは再び少し沈黙し、筆者の目を見て「いいですか？」と言いました。筆者は「どうぞ」と応じました。そして、大きな秘密が語られることになったのです。この「いいですか？」は秘密を語る自分自身の覚悟を示すとともに、その秘密を受けとめるセラピストの覚悟を問う言葉でもあったのでしょう。

〈言いたくないことは言わなくてもいいですよ〉という言葉の中には、クライエントへの配慮だけでなく、「物凄い話が出てきたらどうしよう」というセラピスト側の恐怖が混ざっていることもあるかもしれません。話を深めるには、セラピストにも覚悟が必要です。

ところで、セラピストが先ほどのように伝えたところ、「それは話したほうがよいということですか？」

と尋ねてきたクライエントがいました。セラピストがそう言うなら話すけど、とある意味セラピストに責任を預けてきた感じでした。そのときは、〈話したほうがよいかどうかはわかりません。でも、話されるのであればしっかりと聞きますよ〉と応じました。

✤　✤

Q121 話を深めないほうがよい場合もありますか？

A121 聞かなくてもよいことは聞かないし、聞くべきことはしっかり聞く

体の外傷に対して、消毒した上で傷口をしっかりと覆い、「触らないように」と忠告して回復を待つことで治るのであれば、わざわざ覆いを外してメスを入れる必要はありません。心理療法も同じです。思い出さなくてもよいことを思い出し、蒸し返すことで、傷つくことだってありえます。深めることが大事だと言っても、そのリスクについて配慮し、クライエントがどの程度耐えられるかを査定しなければなりません。

一般に、クライエントの負担は可能な限り小さいほうがよいと言えます。どんなケースでも生活史を詳細に語ってもらわねばならないわけではありませんし、プロセスの中に必ず深いイメージが現れないといけないわけでもありません。深めるのは「深い」セラピーのほうがより高尚だからなのではなく、深めることがクライエントに必要だからやるだけのことです。要は、「聞かなくてもよいことは聞かないし、聞くべきことはしっかり聞く」のです。

✤　✤

Q122 クライエントがさっき自分で言ったことと矛盾することを言いました。そういうのは指摘してもよいのでしょうか？

A122 内省を促すために指摘する

指摘するのはかまいません。ただし、責めるように言うわけではなく、矛盾した内容を語ったことの意味を問いかけるのです。

〈あれ？　さっきはこう言っておられたように思いますけれど〉

「あ、そういえばそうですね」

〈その二つのことは＊＊さんの中ではどうなっているのでしょう？〉

「ウーン、どうなっているんだろう」

こんな感覚です。つまり、内省を促すために指摘するというのが大切な点です。

✤　✤

Q123 クライエントが急に話を深めてきたので、少し驚いてしまいました。急に話が深まったときに気をつけることは何でしょうか？

A123 しっかりと受けとめる／話してみた感想を尋ねる／場合によっては敢えて浅くして終わる

まずは、しっかり受けとめることです。こう言えば当たり前のようですが、クライエントのほうが話を深めてきているのに、セラピストのほうが怖くなって話を逸らしてしまうようなことが実際には起こります。クライエントのほうからすれば、せっかく深めたのに取り上げてもらえなければ受けとめてもらえた気がしないでしょう。

かつての傷ついた体験をクライエントが打ち明けたときには、〈今日はよく話してくださいました〉

と労うとともに、〈話してみられていかがですか?〉と自分が話したことへの反応を尋ねてみます。「意外と大丈夫だった」とか、「話してみたら何かが変わるかと思ったけど、何も変わらない」など、さまざまな反応がありえます。後者の場合、がらりと変わることを過剰に期待していたのかもしれませんし、もしかするとまだ話し切れていないことがあるのかもしれません。重たい話をしたあとで「先生、大丈夫ですか?」とカウンセラーを気遣ったクライエントもいました。実際にカウンセラーが辛そうにしていたのかもしれませんが、投影の可能性もあります。自分自身を大丈夫かと気遣っているわけです。

深い話をしたあと、その回の最後のほうになってクライエントが泣いていたり、じっと沈黙したままだったりで、そのままその回を終えるとよくないのでは、と思われることがあります。こうしたときは、現実に引き戻すような質問をして話を敢えて浅くするのも一つの方法です。

16　質問に答える

Q124　クライエントから質問をされて、ともかく答えてはみたのですが、それに対する反応が薄く、結局、なぜそんなことを聞かれたのかわかりませんでした。

A124　質問の意図を問う

クライエントからの質問に対しては、その質問内容に答えるだけでなく、質問の意図を尋ね返すことが大切です。

あるとき青年期のクライエントから「ここって、他にも来ている人っているんですか?」と唐突に聞かれました。〈来てるよ〉「どんなことで来るんですか？」〈それは人それぞれだなあ〉と答えると、「そうですか」の一言。その前の話との文脈がよくわからなかったので、「あれ、なんでこんなことを今聞くんだろう」と疑問に思い、〈どうして？〉と質問の意図を尋ねてみました。すると、「僕だけかと思っていたけど、他にもいるんだと思って」という答えでした。つまり、こんな状態でいるのは自分だけだろうと思ってきたけれど、もしかしたら自分だけでもないのかもしれないと気づきはじめたというのです。この気づきは、このクライエントにとっては孤独感からのちょっとした解放でした。

別の例を挙げましょう。セラピーの進め方を説明したあとで、クライエントからやや唐突に「ということは、この方法では性格までは変わらないということですか？」と尋ねられました。〈そうですね。物事の受けとめ方や考え方の幅を広げようということで、性格を変えるというものではないです〉と答えると、「なるほど」と一言言って沈黙しました。そこで、こう尋ねてみました。〈えーと、今そうお聞きになったのは？　性格を変えたいということですか？　それとも性格を変えるとなると大変だから、そうじゃなくてよかったという意味なのでしょうか？　それとも……〉。

✤　✤

Q125 あるときクライエントから「先生は私のこと、異常だと思いますか？」と尋ねられました。答えてよいものかどうかもわからないし、そもそも異常とは何かと考え出すと難しくて。

A125 答える前に質問の意図を問う

こうした場合、特に初心者は判断を迫られているように感じ、「異常ではありません」などと即答してしまうことがあります。答えないと専門家とみなされないような不安を覚えるからかもしれません。あるセラピストは異常かどうかを尋ねられて「異常ではない」と断言したところ、そのクライエントは帰宅してから母親に「お母さんは僕のことをおかしいと言っていたけど、セラピストは僕は異常じゃないと言っていた。だから僕はもう相談室にも病院にも行かない」と伝え、中断してしまったそうです。答える前に〈ん？　どうして？〉と質問の意図を取り上げていれば、こうした事態は避けられたかもしれません。

「正常とは何か、異常とは何か」というのは心理臨床家にとって根本的な問題の一つと言えます。これについて自分なりの考えをもつことも大切でしょう。しかし、なぜクライエントはこのときにこういう質問をしたのでしょうか。クライエントは、自分で自分のことをおかしいのではないかと不安に思っているのでしょうか。あるいは、周りの人からおかしいと言われており、自分ではそれを否定したいがわかってもらえないという苦悩があるのでしょうか。それとも、「私のことをどう思っていますか？」「どのように考えて私と会っているのですか？」というセラピストへの問いかけなのでしょうか。答えることも大事ですが、質問の意図をしっかり汲みましょう。

異常かどうかの判断をあくまでも求めるクライエントには、このような言い方もできると思います。〈私はあなたが異常かどうかを判断するためにお話を聞いているのではありません。あなたが何かに苦しんでおられるのなら、それをお聞きして、どうしていけばよいかをご一緒に考えようということなのです〉。

✤　✤

Q 126 「一般的にはどうなんでしょう？」と聞かれました。答えるには答えましたが、それでよかったのか自信がありません。

A 126 個別的なこととして問い返す

この場合も、そういう質問をした意図を取り上げなければならないでしょう。知識として知りたいのでしょうか。自分を他の人と比較したいのでしょうか。自分も他の人と変わらないということを確認したいのでしょうか。〈今そう聞いたのは？〉と意図を尋ねてみたらよいと思います。

　心理教育として一般論を答えることもあるでしょう。ただその場合も、それだけで終わらせるのではなく、〈一般論で言えばそうなると思います。しかし、あなたの場合はどうでしょうね？〉と問いかけ、自分のこととして考えてもらうことを忘れないようにしましょう。大事なのはその事例のもつ個別性ですから。

　あるクライエントから、「うつの人が自殺するのはどういうときですか？」と聞かれたことがあります。そのときは、〈絶望したとき、可能性がまったく感じられなくなったときかな〉と答えたあと、〈＊＊さんは死にたくなることは？〉と尋ねてみました。あるいは、身近な人が自殺した話が出てくるのかもしれません。

第六章 見立てとその伝え方

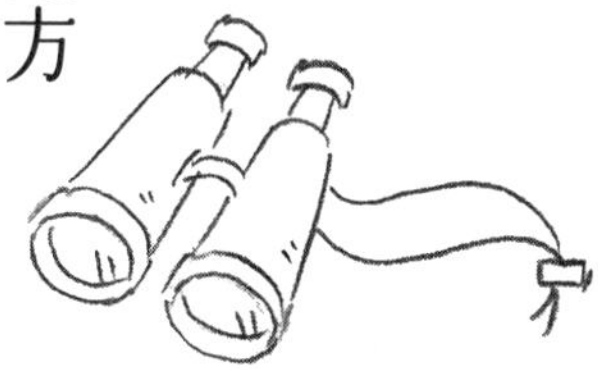

面接においてセラピストは、傾聴しながら集まった情報をもとに見立てをし、それを深めていく。そして、その見立てをセラピストが抱えるだけでなく、クライエントに伝え、支援につなげていく必要がある。そのためには、よい意味で引っかかりをもち、仮説を立て、経過の中で確かめ、不断に修正していくことが求められる。

17　引っかかりをもつ

Q 127　クライエントの言動の背後にある心理についてあれこれ考えてもよいのでしょうか？　私の見方でクライエントを方向づけてしまうような気がするので、あまり考えないほうがよいような気がするのですが。

A 127　主観的な見方であることを自覚しながら、さまざまな可能性を考える

クライエントに〈そういう行動をとったのは、どうしてなんでしょうね？〉と直接尋ねても、クライエント自身わからないことも少なくありません。クライエントも考えるでしょうが、セラピストはセラピストで自分なりにクライエントの心情を推し量ってみます。

そうした場合、セラピストの理解や判断に主観的なものが混じるのは避けられません。そこで、自分の見方に縛られて決めつけに陥ったりしないか、進め方についても、主観だけでは我流になってしまうのではないかという心配が出てくるのも無理からぬことです。ですから、心理療法においても主観を排し、目に見える行動だけを問題にし、できる限り自然科学に近い形で進めるべきだと主張するセラピストがいることも頷けます。また、心理療法が科学的に進められることを期待するクライエントがいるのも自然なことでしょう。科学的な裏づけをもった治療法であることが安心感につながることは、身体疾患の治療を受けたときに誰しもが実感することです。

しかし、心理療法におけるセラピストとクライエントの関係は、自然科学における主体（実験者）と対象（物体）の関係ではなく、主体と主体の関係です。セラピストにとってクライエントは観察の対象でもありますが、同様に、クライエントもまたセラピストを観察しています。つまり二人の関係は、主観と主観がやり取りされる間主観的な関係です。

構造化面接などを用いて、ある程度マニュアル化された方法を取っていても、それを適用するのは人間ですから、そこには、双方の個性が関与しますし、二人の関係が影響を及ぼします。与える影響は双方向的であり、どんなに自然科学的な装いをもった心理療法であっても、このことは避けられません。そこにあるのは、この主観のやりとりを非科学的なものとしてできるだけ排除しようとするか、「間主観性の科学」というもう一つの科学的態度として積極的にとらえるかという立場の違いです。筆者は後者の立場に立ちます。主観のやり取りが不可避のものであるなら、それを積極的に取り上げていくことが大切であるし、むしろ主観のやり取りこそが心理療法を可能にするのだと考えるのです。

確かに主観的なものの見方には限界がありますが、主観的なものを主観的なものであるというだけで排除したのでは、心と心の交流における重要な要素が捨て去られてしまいます。ですから、主観的なものであることを自覚しながら、ああかもしれない、こうかもしれないと考えることは、とても大切なことだと筆者は考えています。

それに、クライエントが望むこともいろいろです。科学的な方法で症状をなくすことを目的に来る人もいますが、自分の心の声を聞いてほしい、気持ちをわかってほしい、自分の内面的な心の課題に取り組みたいという人もたくさんいます。その要望に応えるためには、セラピストは主観的なものを扱う力をつけておかねばなりません。

✤　✤

Q128 量的に示されたものがあればわかりやすいのですが、主観を用いて見るというのはどうすればよいのかがわかりません。

A128 よい意味で引っかかること

セラピストが受容と共感の態度をもって傾聴していくと、いろいろなことがセラピストの心に「なるほど」と腑に落ちていきます。それがクライエント理解を一方で形作っていきます。ですが、すべてが腑に落ちていくかというとそうではありません。聞いていて、「あれ、どういうことだろう？」と疑問に思うこともたくさんあります。この引っかかりは、クライエントの心をより深く理解するための入り口となります。その疑問を大事に温めていくことで理解が深まっていくのです。引っかかると言っても、クライエントの言うことを真に受けないというような拒否的な態度をとるのではありません。納得のいかないことについて疑問をもつことを通して、クライエントの言動をより深く受けとめようということです。

もっと感情がこもっていてもいいはずなのに、こんなに淡々と語っているのはどういうことだろう。悲しいのはわかるがそこまで激しく泣くのはどうしてだろう。腹が立つのはわかるが、ここまで興奮するのはどういうことだろう。後悔するのはわかるが、そこまで自分を責めるのはなぜだろう。引っかかりをもつことが大事なのは、そこに何らかの意味が感じられるからです。そこにはクライエント独自の価値観があるかもしれませんし、秘められた願望や感情があるのかもしれません。

例を挙げましょう。あるクライエントに家族構成を尋ねたところ、妻と娘との三人暮らしだと答えたあとで、「同じマンションの別の階に自分の両親が住んでいる」と言いました。親と遠く離れて暮らそうが、近所に住もうが、同居しようが、同じマンションの別の階に住もうが、それはその家族の自由です。しかし、同じマンションの別の階に住んでいるというのはどういうことだろうと引っかかってみます。そして、この親との距離感はどのような家族関係を表しているのだろう、クライエントをはじめ、家族のメンバーはその距離をどう感じているのだろう、そうした家族関係はこのクライエントの症状にどのように関与しているのだろう、と考えを進めていきます。

✤　✤

Q129 引っかかりをもつには、どうすればよいのでしょうか？

A129 簡単にわかった気にならない／平等に漂う注意

あるセラピストは大学一回生のクライエントが「友達がいなかった」というのを聞いて、いつからかと尋ねたところ、「小学校に入ったときから」という答えでした。そこで〈そう、それは大変だったね〉と共感の言葉を返したら、話が終わってしまったと言いました。小学校のときから大学一年生まで友達がいない、というのは確かに辛いことです。これは容易に想像がつきます。しかし、なぜ小学校に入ったときからなのでしょう。何かきっかけがあったのでしょうか。その後も友達ができなかったのはなぜなのでしょう。それを聞かなければクライエントの真の大変さは見えてこないはずです。引っかかりをもつには、簡単にわかったような気にならない、という態度がまず必要です。

子育て中の女性クライエントが、「この前、知り合いの人から鉢植えの植物をあげようかと言われたんですけど、枯らしてしまうのでと断ったんです」と語ったとしましょう。これだけ聞けば、ただの日常生活の一コマのようにも思えます。しかし、「枯らしてしまうので」という理由で断る必然性はありません。なぜこのような理由で断ったのでしょう。植物に関心がないのでしょうか。植物の育て方に自信がないのでしょうか。人を育てることへの自信はどうでしょうか。このような「必然性のない細部」にも注目してみましょう。フロイトが「平等に漂う注意」と呼ぶように、一見取るに足りない話も素通りせずに、意味があるかもしれないと思って聞くことです。

　初心者のうちは、引っかかりをもつこと自体が難しく、その重要性に気づかぬまましばしば素通りしてしまいます。スーパーヴィジョンでは、自分が素通りしていたことにスーパーヴァイザーが一つひとつ引っかかっていくことで、そこに実は意味があることがわかったという経験ができると思います。

✤　✤

Q130 クライエントがある話を始める前に「これを言うかどうか実は迷っていたんですけど」と前置きをしてから話しはじめました。なんでわざわざそんなことを言ったのか、わかりませんでしたが、ちょっと気になりました。

A130 わざわざ付け加えられたことに着目する

「ん？　前置きがあったなあ」と引っかかってみるのはとても大事です。まずは話の中身を一通り聞いたあとで、たとえそのことを秘密にするのはわかる気がすると思った場合であっても、〈今のことを話される前に、「これを言うかどうか実は迷っていたんですけど」と前置きされましたが、迷っておられたのはどういうお気持ちからですか？〉と尋ねてみましょう。前置きは、迷いや葛藤そのものを聞いてほしいという気持ちを表していたのかもしれませんから。

　このように、「わざわざ、取りたてて」という感じがする点は引っかかるべきポイントの一つです。聞かれたことに答えるだけでいいのに、わざわざ一言付け加えるとしたら、そこに注目してみましょう。一言付け加えないと何か居心地が悪いように感じていたのかもしれませんし、何か伝えたいことがあるのかもしれません。

　ある女性クライエントは、体の話をしたあとで、「卑猥なことじゃありませんよ」とわざわざ付け加えました。そのときセラピストは、「何でこんなことを言ったのだろう」と少し不思議に思いました。

するとその後の面接で、子どもの頃に性的被害を受けたことが語られたのです。わざわざ付け加えることで、性的な問題があることを暗に仄めかしていたのだということがわかります。

面接の最後、帰り際にクライエントがポロッと一言言い残して帰ることがありますが、これも大切に受けとめましょう。クライエントは何を最後に言っておきたかったのでしょうか。これだけはわかっておいてほしいと念を押したかったのか、今日はこのことをわかってもらえなかった気がするという不満なのか。帰り際なので、その場では話ができないことも多いでしょうが、次の回に〈そういえば前回帰り際にこんなふうに言っておられましたが……〉といって話題に取り上げることもできます。クライエントは覚えていることも忘れていることもあるでしょうが、セラピストが一つのことを大事にしていることは伝わると思います。

✤　✤

Q131 クライエントは何かをまとめて話そうとしたのですが、うまく行かず「何が言いたかったのかわからなくなってきました」と途中で話すのをやめました。これもまた何かを意味しているのでしょうか？

A131 乱れや失錯行為に注目する

人は、話の流れや結末をすべて思い描いてから話しはじめるとは限りません。台本があるわけではなく、話しながら文章を組み立てていき、最後まで辿り着いて言いたいことが言えたときにホッとするということもあります。また、話し終えて初めて、「そうそう、私が言いたかったのはこういうことなんだ」と自分で気づきが得られることもあります。心理療法におけるクライエントの語りでも、こうしたことは起こります。逆に言うと、最後まで辿り着けずに途中で話が止まってしまうのは、まだ考えがうまく整理できていないからなのでしょう。話している途中に何か別の考えや感情が侵入してきて、一つの筋として語ることが難しくなったのかもしれません。このように、クライエントの何らかの乱れに注目するのは大切なことです。そこには心にまだうまく統合できていない何かが垣間見えます。

ある思春期のクライエントに〈家族は何人？〉と尋ねました。すると、即答で「七人」という答えがありました。〈誰がいるの？〉と聞くと、「えーと、お母さんでしょ、お父さんでしょ、……あれ、六人だった。何でだろう」。なぜでしょうか。あと一人は誰だったのでしょうか。

次女の不登校のことで相談に来たある女性は、インテークのとき、少し遅れて来られました。通常は待合室で相談申込票に記入してもらうのですが、時間の関係でとりあえず一緒に面接室に入って、セラピストの目の前で記入してもらっていました。すると、途中で顔を上げ、「あねという漢字はどう書くんでしたっけ」と尋ねました。知的にはむしろ高い女性です。姉という漢字を知らないはずはありません。用紙を見せてもらうと、不登校になっている娘の姉（女性にとっての長女）ことを記入しようとしていたのですが、続柄の欄に旁《つくり》の「市」だけが書かれ、女偏が書かれていませんでした。娘たちの姉妹関係はどうなんでしょうか。女偏を忘れたというのは、女性性について何か引っかかっているところがあるのでしょうか。クライエント自身にも姉がいることがあとでわかったのですが、クライエントとその姉との関係はどうなのでしょうか。

こうした乱れは、クライエントの表現と言うよりも、意図を超えた表出、あるいは暴露と言うほうがぴったりくるものです。もちろん、それを暴いて喜ぶわけではありません。セラピーの目標に沿って活用するのです。

✤　✤

Q132 **普段はあまりしゃべらない人が、あるときなぜかよくしゃべったので印象に残りました。これはどう考えればよいでしょうか？**

A132 **話の内容だけでなく、話し方や姿勢の変化を読む**

いつもは普通にしゃべる人が急に沈黙がちになったとしたら何だろうと思いますが、逆に、いつもはあまりしゃべらない人が急に雄弁になるとしたら、これもどうしたのだろうと思います。よくしゃべったのは、それが特に聞いてほしいことだったからかもしれません。しかし、何かを隠すために饒舌になったのかもしれません。人は必ずしも打ち明けるためだけに話すのではありませんから。

このほかにもある部分だけ小声で話したとか、この話をしているときに大きな欠伸をしたとか、椅子に深く腰掛け直したとか、腕や足を組んだとか、背筋を伸ばしたとか、全身が緊張で固まったといった、話し方や姿勢の変化もまた、引っかかりをもつポイントです。

✤　✤

Q 133

あるとき、クライエントは「そのことは話したくありません」と強く否定しました。無理に聞くつもりはさらさらなかったので、それを尊重しました。三回後になって、こちらから促したわけでもないのに、話したくないと言っていた秘密を自ら語りはじめました。あの強い否定は何だったんだろうと不思議に思います。

A 133

強い否定には意味がある

この場合、「そのことは話したくありません」と強く言ったのは、話さないといけないのではないかという思いがすでに湧いてきていたからなのでしょう。しかし、同時にそれを口に出すのは危険だと思い、それで強く否定したのです。無理に聞かれないとわかれば、信頼関係が深まっていきます。そうやって信頼が積み重ねられていくと、それを口に出すことはそれほど危険ではないように思えてきます。それで話しはじめたのではないでしょうか。ですから「そのことは話したくありません」と言うのは、ある意味、「いずれそのことを話します」と宣言しているようなものだとも言えます。

もっとも、いつもそうとは限りません。どうしても話したくないこともあるでしょうから、そのときは、話したくないという意思を尊重すべきだと思います。話すなら聞くし、話さないのならそれも受け容れるという態度でいることです。

✤　✤

Q134　ある回の最初に「今日は話すことがない」と言っていたクライエントが、その回の後半になって自分の子ども時代の辛かった体験を語り出し、「あれ、話すことがないと言っていたのになあ」と思ってしまいました。これはどういうことでしょうか？

A134　クライエントのほうから話を深めてくるサインかもしれない

「今日は話すことがない」は、これまで一週間の間に起きた出来事を話していたクライエントであれば、今日は特にそういうエピソードがなくて困っている、というときもあります。あるいは、自分の生活史を一通り話し終えて、さてこれから何を話せばよいのか戸惑っているということもありえます。その場合は、どんな話でもよいということをもう一度説明することになるでしょう。しかし、この場合ではどちらでもなさそうです。今回はこれまでの話とは違う話がしたい、もう少し話を深めたい、それでもかまいませんか、という意味だったのかもしれません。

継続面接の開始からすでに何回か経過したときに、クライエントのほうから「何を話してもいいんですか？」と尋ねられることがあります。何を話してもよいということを初回面接の際に説明していても、このようなことは起きます。クライエントがこのように尋ねるときは、これまでセラピストに話していなかったこと、あるいは今まで誰にも言わずにきた秘密を語るために、何を話してもよいという保証を改めて求めているのかもしれません。

「何かいつも同じことを話しているような気がして」とクライエントが言うこともあります。これも、今までの話のレベルでは満足がいかない、話を深めたいと、変化を求めていることを示すサインなのでしょう。

Q135 面接している最中、なぜかある事例だけとても眠たくなります。睡眠不足というわけでもないですし、他の事例ではそんなこともないのですが。

A135 セラピスト自身の身体感覚に注目する

セラピストが眠くなるとき、一つはクライエントが抱えている問題の重たさに対してセラピストが抱えきれない状態になっていることが考えられます。シャットアウトしているわけです。しかし、クライエントのほうが何かをしゃべらずに隠しており、そのためセラピストがクライエントの話に関心をもち続けられなくなっているということもあります。あるいは、クライエントが人に対してずっと抱えていた緊張が、セラピストの受容的な雰囲気によって解けてきたため、二人の間にゆったりとした雰囲気が漂い、互いに眠気に襲われるというようなこともありえます。

いずれにしても、セラピスト自身に湧いてくるこうした身体感覚に着目することが、クライエントに対する理解につながることはけっこうあります。他にも、何だか肩が凝ってくるとか、喉のあたりが詰まるような気がするといった感覚もあるでしょう。〈話を伺っていたら、何だか肩が凝ってきました。ちょっと伸びでもしてみようかな。＊＊さんもしてみませんか〉と誘って、一緒に伸びをするのも場合によってはよいかもしれません。

Q136 クライエントの話を聞いていると、なんだか孤独だなあと思って寂しくなりました。クライエントは「寂しい」とか「孤独」だとか言っているわけではないのですが。

A136 セラピスト自身の感情に注目する

傾聴していると、悲しくて涙が出そうになるとか、やりきれない気持ちになって言葉が出なくなるとか、なぜかイライラするとか、妙に保護的になっている自分に気づくといったように、セラピスト側にもさまざまな感情が湧いてきます。そうしたセラピスト自身の感情についても着目してみましょう。それはクライエントが抱えている心理的課題と結びついている可能性があるからです。

セラピストが不安になるのであれば、不安になっていることを否認せずに自覚し、どんな不安であるのかをよく見てみます。その不安は、クライエント自身が抱えている不安かもしれません。あるいは、クライエントの周囲の人がクライエントに対して覚えている不安かもしれません。それを見立てに生かしましょう。そうやって自分の不安を自覚して抱えることができれば、セラピストは不安を抑えるために自分が作った枠組みにクライエントを押し込めたり、不要な行動化をしたりしなくてもすみます。

孤独感を覚えるのであれば、〈お話を聞いていると、私の中にはなんだか孤独だなあという感情が湧いてくるのですが……〉と言ってみることで、セラピーが前に進むこともあります。クライエントにすれば、そう言われることで、自分の中の孤独感と初めて向き合えることもあるはずです。

もう一つ例を挙げましょう。クライエントが無断キャンセルをしたとき、自分の中に「もうあのクライエントのことはいいか」というような気持ちが湧いてきたとします。否定的な感情だと思って抑圧してしまってはもったいない話です。良いも悪いも、そうした感情が湧いてきたのは事実なのです。そうした感情が湧いてきたことをしっかりと自覚し、「何でこんな気持ちが湧いてきたんだろう」と考えてみます。こんなふうに自分の中にクライエントを見捨てる気持ちが湧いてきたのは、クライエント自身が私に見捨てられると感じているのかもしれません。例えば、そう考えてみます。それが「見立てに生かす」ということです。そして次回、クライエントが来たときにそのことを伝えてみるかもしれません。

そうやって、見捨てられ不安についてよく話し合うことが、セラピーを前に進める可能性があるからです。

✤　✤

Q 137　クライエントの話を聞いていて、感じることはあるのだけれど、なかなか言葉にならず、心がモヤモヤすることがあります。言葉にしないといけないと思うのですが。

A 137　言葉からこぼれ落ちることは抱えて温める

主観をもとに査定をするには、①できるだけ多くのことを感じる、②感じたことを言葉にする、③まだ言葉にならないことや言葉からこぼれ落ちることは抱えて温める、というのが基本的態度だと思います。

大自然に触れて感動したとき、敬虔な気持ちになったときなど、言葉では言いつくせないし、言葉にしたらつまらないように感じることがあると思います。むしろ言語化せずにそのままを味わうことのほうが意義が大きいのではないでしょうか。対象化して外側から観察して感じるのではなく、自分がその世界の中に入り、全身で包まれて体感するような感じ方です。クライエントとの体験についても、そのすべてが言葉になるわけではありません。無理に言語化することは、クライエントの生の姿をかえって見えにくくすることにもなりかねません。

言語化できるところは明確にしましょう。すると、ある部分ははっきりし、ある部分はやはりモヤモヤしたまま残ります。言われていることの背後には言われていないことがあり、言われることによって言われないことが形を成してくるのです。言語化しようとしても言葉からこぼれていくことは、そのまま抱え続けましょう。言葉からこぼれ落ちるものは、決して取るに足らないものではありません。それもまたクライエントの人間性を形作っている構成要素なのですから。

「症状形成に関わる体験は、クライエントにとってうまく言語化できず、受けとめられないままにこぼれ落ちて沈殿してしまっている」というような言い方もできるかもしれません。体験について語ることは、沈殿していたものを再び浮き上がらせ、改めてそれを言葉にしようとする作業だと言えます。

✤　✤

Q138　セラピストとクライエントの関係をしっかりと見るようにとよく言われますが、とても難しいことのように思います。

A138　俯瞰する視点を内在化する／直接尋ねてみる

確かに、セラピストとクライエントの関係を読むのは簡単ではありません。関係を読むには、それを俯瞰する第三者が必要です。しかし、別室から文字どおり俯瞰している第三の人物がいるわけではありません。この第三者の役割をとるのもセラピスト自身です。つまり、セラピストはクライエントとさまざまな次元で交流する相手となるだけでなく、二人の関係を俯瞰するという一人二役をこなすことになります。セラピストはいわば、その二つの位置を何度も往復するのであり、その中から仮説が生まれ、解釈の言葉が浮かび上がってくると言ってよいでしょう。

しかし、セラピストはこのような一人二役を完璧にこなせるのでしょうか。もちろん、渦中にありながら完全に俯瞰することなど人間にできるはずはありません。しかし、俯瞰する位置を取ろうとして完全でないということと、俯瞰する位置をとろうとしないことは同じではありません。

では、たとえ不完全であっても、セラピストはどのようにすればこの俯瞰する位置をとれるようになるのでしょうか。ここにスーパーヴィジョンの意義があります。初心セラピストが自分とクライエントの間に何が起きているのかを俯瞰するのは、非常に難しいものです。スーパーヴァイザーはその場には居合わせていませんが、報告を聞いてその関係を俯瞰する役割をとります。それを繰り返すうちに、セラピストはやがてその視点を内在化していきます。さらに複雑なことを言えば、スーパーヴァイザーとスーパーヴァイジーのその場での関係を俯瞰することが、セラピストとクライエントの関係を理解するのに役立つこともあるほどです。

もう一つ、クライエントとの関係を読むためには、クライエントに直接尋ねてみることも大事です。つまり、クライエントの面接室外での話を聞くだけでなく、面接そのものについて、クライエントとセラピストの関係について尋ねてみるのです。例えば、五回目、一〇回目、一ヵ月、二ヵ月など節目のときに、〈今日で五回目になりますね。来てみていかがですか？〉と尋ねてみれば、自然と話の糸口がつかめるのではないでしょうか。

✤　✤

Q139 最近、クライエントが遅刻を繰り返すようになりました。その遅刻の意味を考えるのに、何回目に何分遅刻したというのを一覧表にまとめてみたのですが、よくわかりません。どんなふうに考えたらよいのでしょうか？

A139 全体の流れや見立てとつなげて考える

セラピーの過程で現れた個々の出来事や語られた個々の出来事の意味は、セラピー全体の流れの中で理解することが必要です。遅刻が始まる前、クライエントに何らかの出来事があったのでしょうか。もともと遅刻がちな人が、最初は頑張って来ていたのが、無理が利かなくなったのでしょうか。あるいは、セラピストとの関係において何かがあったのでしょうか。セラピーに対する感じ方に変化はないのでしょうか。このように、流れの中で考えなければ理解できないと思います。

描画療法や箱庭療法のような表現の場合にも、同じようなことが言えます。その出来上がった作品の表現に魅了されてしまうからなのでしょうか、その個々の作品の意味は熱心に分析するのですが、その表現がそのケース全体の中でどのような意味をもつかについて無頓着になっている例に出会うことがあります。セラピーとしての目標をもってやっているのですから、その目標とどう関連づけられるのかを考え、支援につなげることを常に忘れないようにしましょう。

18　見立ての確度を上げる

Q140 **引っかかりをもってその意味を一つ考えてみたのですが、その見方に自分が引きずられそうな気がします。**

A140 **可能性を複数挙げる**

確かに、可能性を一つ挙げただけだとそれに引きずられてしまい、もし違っていたら間違いを犯すことになるのを心配するのもわかります。それを回避するためには、可能性を一つだけではなく複数挙げることです。

ある大学院附属の一般向けの心理相談室に、別の大学に通う学生が電話で申し込みをしてきました。調べてみると、その学生が通う大学には、無料で相談が受けられる学生相談室があるようです。自分が通う大学の学生相談室に行かずに、他の相談機関に行っても悪いことはありません。ですが、別の大学の心理相談室に申し込んできたのはなぜだろう、そこに何か理由があるのかもしれないと引っかかってみます。自分の大学に学生相談室があることを知らないのでしょうか。知らないのであれば、まずはそれを情報として伝えてみたほうがよいでしょう。知ってはいるがそっちに行かないのだとしたら、「なぜだろう、何かあるのかな」と考えます。自分が通う大学の中では話しにくいのか、大学に通えておらず、自宅から近い相談室に来たのか、一度学生相談室に相談に行ったことがあるけれど相性が悪かったのか、などが考えられます。

このように、一つの言動を生み出す背景には複数の可能性が考えられます。複数の可能性を挙げられれば、それだけ主観の確度を上げることができます。

✤　✤

Q141 可能性を複数挙げるというのは大変な気がします。どうすれば複数の可能性を挙げられるようになるのでしょうか？

A141 参照枠をもつ

複数の可能性を挙げられるようになるには、人の内的な心の動きと顕在化した言動との関係について、ある程度確からしいと思われる知見を、自分の中にできるだけ多く蓄えておくことです。蓄えがあれば、個々の事例において引っかかりをもったときに、その蓄えを参照すればよいわけですから。言ってみればデータベースに検索をかけるわけです。

その蓄えを豊かにするには、まず自分自身の臨床経験を積むことです。経験の中で、「こういう場面ではこんなふうに感じる人もいるのだ」とか、「クライエントがこんな発言をするときは、こんなふうに思っていることがあるんだな」といった理解を積み重ねていくのです。臨床経験だけでなく、日常生活の中でもこうした学習の機会はあるでしょうが。

二つ目は、スーパーヴィジョンを受けたり、事例検討会で発表することです。自分の事例について振り返ることで、自分の主観を人の目を通して吟味し、指摘を受けてさらに他の可能性にも触れ、見方を広げることができます。また、一人のセラピストが経験できることにはやはり限りがありますから、できるだけ多くの事例検討会に出るなどして他のセラピストの経験に学ぶことも大事です。会の参加者がその事例をどのように読み解くかを学ぶこともまた多くの蓄えを提供してくれます。

三つ目は、理論を学ぶことです。理論はそもそも先達の臨床経験から抽出されたものであり、しかもその後、その理論の妥当性について検証が繰り返されてもいますから、理論を学ぶことは、事例を読み解くための参照枠として大きな力となります。その意味で、理論を学ぶことは自信にもつながるでしょう。理論を学ばずに経験のみで仕事を続けていた人が、理論についての講義を聞いたあとで、「これまでも自分では頑張ってやっているつもりでしたが、行き当たりばったりの対応をしているようで、これでいいのかなといつも不安でした。体系的な話を聞いたおかげで、これからはもう少し自分のやり方に自信がもてそうです」という感想を述べた人がいました。理論は、自分の依って立つ足場となるのです。

✤　✤

Q142 複数の可能性のうちどれが正しいかは、どのようにしてわかるのでしょうか？

A142 どれか一つだけが正しいというわけではない／主観を鍛える

複数の可能性のうちどれが正しいかということですが、必ずしも、複数の可能性のうち、どれか一つが正しくて、それ以外は誤りだということではありません。複数の可能性のうちどれが正しいかを一つだけ選ぶという課題ではないのです。心は複雑なので、人の言動と心の動きは一対一対応というわけではなく、複数の意図を同時にもっていてもおかしくありません。自分が挙げた可能性のうち、すぐに明確に否定されるものもあるでしょうし、いくつかがそれぞれに確からしいものとして残ることもあるでしょう。ただし、その確からしさには「濃淡」が見られるでしょうから、その濃淡を感じ分ける力は必要です。

植木職人は、木を見ただけで「これは肥料のやりすぎだ」と言います。家のリフォームに来た大工は、部屋の壁を叩いて音を聞き分け、壁の材質や壁の中の様子を窺い知ろうとします。蕎麦打ち職人は毎日同じ味を保つために、その日の天候、湿度などに配慮して、蕎麦粉と水の配分を微妙に変えているそうです。いずれも素人には難しいことですが、「見る人が見ればわかる」のでしょう。それは「感じ分ける」力をもっているということです。先の植木職人は見ただけで違いを「見分け」、大工は音を聞いただけで違いを「聞き分け」、時に触って感触を確かめることで「触れ分け」ます。香道は「嗅ぎ分ける」ことを楽しむのですし、コーヒーや紅茶といった嗜好品の商品開発をする人は実際に「嗅ぎ分け」て、最も美味しそうな匂いがするものを選び出します。ワインのソムリエは、嗅ぎ分け、そしてあまり使われない言葉かもしれませんが、「味わい分け」ます。

専門家が専門家たる所以は、この感じ分ける力が鍛えられていることです。「目利き」「目が肥えている」「耳が肥えている」といった表現はまさにこのことです。心理療法の場合も、「これは実際そうかもしれない」とか「なんか違うなあ」とか「こっちのほうが可能性がありそうだ」と判断する力を身につける必要があります。セラピストも、「見る人が見ればわかる」と言ってもらえるように、この力を鍛えておかねばなりません。いわば「主観を鍛える」のです。つまり、引っかかりをもち、その意味を複数思いつき、その可能性をその個別的な状況から判断する力を養うことです。

✤　✤

Q 143　複数の可能性を感じ分けることで、対応の方針が変わってくるのでしょうか？

A 143　見立てが変われば方針は変わる

方針は見立てに基づいて立てられるものですから、見立てが変われば方針は変わります。長い間ひきこもりの生活を続けてきたクライエントが部屋の片づけを始めたとしましょう。それは、「この世に別れを告げるための身辺の整理」というマイナスの意味なのでしょうか、それとも「今までのひきこもり生活を終わらせるための前進の兆候」というプラスの意味なのでしょうか。前者であれば、自殺の意志について尋ねてみる必要がありますし、後者であれば、見守って支えていけばよいことになります。

あまりしゃべらないクライエントがいたとしましょう。言いたいことははっきりしているけれども、自己主張が苦手なのでしょうか。それならば、自己主張のスキルを身につけ、いずれ実際に試してみることが必要になるでしょう。何か言いたいような気はするのだがごちゃごちゃしていてうまく言葉にまとまらないのでしょうか。それならば、セラピストが質問したり、言葉を提示してそれが適切な表現であるかどうかを確認してもらったり、代わりにまとめてみたりして、クライエントが頭を整理できるように工夫します。あるいは、そもそも自分の考えや気持ちを言葉で表現することが苦手な人なのでしょうか。それならば、ゆっくりと待つ態度をもち、少しずつ言葉にする努力を支え、自分も言葉で人に伝えることができたという自信を積み重ねてもらうことになるでしょう。

✤　✤

Q144 セラピストがこういう意味だろうと考えても、それが妥当だという保証はないのではないでしょうか？「どうやらこの読みは確からしい」という確からしさはどのようにすれば高まるでしょうか？

A144 実証精神をもつ

個々の事例においては、主観の確度を上げながら進めていく態度をもつことが必要です。その意味では、たとえ主観を重んじる立場にあっても、理解や判断の正しさを検証していく「実証精神」はもたねばなりません。

第一に、「どこからそう思うのか」という仮説の根拠を挙げること。ただし、量的な根拠だけを根拠とするのではありません。第二に、確かめられることはクライエント本人に確かめること。たぶんこうだと思い込まずに、実際にクライエントに聞いてみましょう。第三に、他の情報と照合してみること。その仮説が確かであれば、経過の中でその仮説を裏付けるような事柄が他にも出てきます。いくつかのことが一つのテーマの周りに集まってきたり、同じ方向を指し示すものが繰り返し現れます。同じ人間がすることですから、似たようなことが反復されるのです。あるいは、心の中のまだ聞き届けられていない何かが、出口を求めて形を変えながら繰り返し現れ出てくると言ってもよいでしょう。逆に言えば、一度は可能性を考えてみたが、それをより強固にする事柄がその後現れないとすれば、その可能性は低いと考えることもできます。第四に、実際にセラピーに進展があるかを確かめること。その仮説が正しければ、それに基づくセラピーはおそらくよい方向に変化していくはずです。進展が見られないのであれば、仮説が間違っているか、それだけでは足りないと考えるのが妥当でしょう。

以上のようなことを根拠にして、「どうやら、これは確からしい」という感覚が得られます。もちろん、どこまで行っても一〇〇パーセントの確証にはなりえません。間違わないためには、まだ知らない他の可能性にも開かれていることも大切です。「私は今のところこう思う。でもそうじゃないかもしれない。違う部分もあるかもしれない」と。

まとめましょう。引っかかりをもち、複数の可能性を挙げながらその意味を検討し、それと同様に、他の情報を参照しながら根拠を挙げて、その仮説が確からしいかを判断していくのです。言い換えれば、主観を鍛えるとは、「引っかかりをもつ力、感じ分ける力、経過の中で確かめる力」が必要だということになります。

コラム

セラピストの主観に基づくセラピーにおける実証精神

①仮説の根拠（どこからそう思うのか）を挙げること
②確かめられることはクライエント本人に確かめること
③他の情報と照合してみること
④実際にセラピーに進展があるかを確かめること
⑤他の可能性にも開かれていること

✤　✤

Q 145 思っていた仮説が違っていると思ったらその段階で変えてもよいのでしょうか？

A 145 心理療法は継続的な仮説修正の過程である

「心理療法は仮説検証の過程である」とよく言われます。行き当たりばったりではなく、見立てと方針をもって会い、その方針で間違っていないかどうかを確認しながら進めていく。その意味では、心理療法とは仮説検証の過程だと言えます。ただ、心理療法の場合は仮説検証型の基礎研究とは異なり、その仮説の正しさを証明することよりも、その仮説の正しさを検証しながら不断に修正していくことにエネルギーを注ぎます。その意味では仮説検証過程と言うよりも、仮説修正過程と言ってもよいほどです。

結局、その事例に関する読みや方針の確からしさは、その事例が進行していく経過において明らかになります。もし、違っていることがはっきりしてきたら、それを変えることは何も恥ずかしいことではありません。それどころか、事例についての見方がそれだけ深まってきているわけですから、むしろ喜ぶべきことです。そして、倫理的側面から言えば、「セラピストの仮説は、必ずいくらか外れなければならない」とさえ言えます。クライエントはセラピストの考えに従って物事を決めるのではなく、主体的に選択していく必要があるからです。すべてがセラピストの考えどおりに進んでいくのだとすれば、クライエントは本当に主体的に考えられているのだろうかと疑ってみることも必要です。

19　セラピストの考えを伝える

Q146

普段、受容的、共感的な態度をもちながら傾聴するという姿勢でカウンセリングを行っています。あるときクライエントから、「今日は先生が私のことをどう考えておられるのかを聞かせてもらおうと思ってきました」と言われて戸惑ってしまいました。自分の考えというのはどの程度伝えてもよいものなのでしょうか?

A146

自分の考えを伝えて、クライエントの心とセラピストの心をつなぐ

セラピストが自分の考えを直接伝えなくても、ひたすら傾聴しているだけで、セラピストが抱いている感覚、感情、理解が交流の中で「伝わる」ことはあります。ですから、すべてを言葉で伝えないといけないとは思いません。いわゆる解釈などしなくても、一人で話し、一人で変わっていくように見えるクライエントもいます。

しかし、そうしたクライエントだけをモデルにして何も伝えないでいると、クライエントは「セラピストは何も言ってくれない」という物足りなさを覚えることもあります。「セラピストが何も言わないほうがクライエントは自分自身でよく考えるようになる」と言われることもありますが、これは受け身な態度をとるクライエントに当てはまることです。何かを言われたら、それをもとにさらに考えようとする人も大勢います。

そもそも、何かを話せばそれに対する反応を知りたいと思うのは自然なことです。クライエントの言ったことに対して、セラピストは無言で鏡のように跳ね返すというモデルを過大視しないようにしましょう。クライエントは自分が感じたこと、考えたことをセラピストに伝え、セラピストはそれを聞いて自分が感じたこと、考えたことを伝え返し、そうやって自分の心をクライエントの心につなぐ。これがわれわれの仕事です。

解釈とは、セラピストが思ったことを口に出して援助につなげることです。知的なだけの解釈や「けたたましい」多弁な解釈でクライエントの自然な心の流れを妨げるようであってはなりませんが、解釈がすべてそうだというわけではありません。「はっきりと言葉で言ってもらえてよかった」という体験を思い出してみれば、言葉で伝えることの大切さもわかると思います。

「セラピストの考えを聞きたい」と面と向かって言ってこないからといって、聞きたい気持ちがないとは限りません。実は聞きたいのに聞けない人もいるでしょうし、こっちから聞かないと言わないのはどうしたわけだと不信感をもっている人もいるかもしれません。そして、これまで聞きたくても聞けなかった人が面と向かって聞いてきたのだとすれば、それ自体がセラピーの進展を表しているのかもしれません。

✤　✤

Q147 クライエントからセラピストとしての意見を求められましたが、実はどう答えればよいかよくわかりませんでした。わからないときはわからないと言ってもよいのでしょうか？

A147 問いを共有する／クライエント自身の考えを聞く

わからないときは正直に、〈わかりません〉と答えればよいですし、まだわからないことには〈まだわかりません〉と答えてかまいません。質問されて何も答えずに、はぐらかすというのはよくありません。わからないことにわからないと答える誠実さが、信頼関係につながることもあります。〈わからない〉と言うだけでなく、その問いを共有しましょう。〈どういうことでしょうねえ。私もまだわかりません。しばらく一緒に考えていきましょう〉という態度です。すぐに答えが見つからなくても、二人で問いを共有できると、だんだんと話が深まっていきます。

クライエントの自助を支えるという視点からは、答える代わりに〈＊＊さん自身はどう思われるのですか？〉と問いを投げ返すのも大切なことです。問い返されたクライエントは自分で自分に尋ねてみようとするでしょう。それに、クライエントがこう尋ねるとき、すでに心の中に自分なりの答えをもっていることもあります。〈自分ではどう思うのですか？〉と尋ねたところ、「私はこう、こうだと思うのです」と答えが返ってきて、〈もう答えが出てるじゃないですか〉と言って、笑い合ったりするようなこともあるくらいです。

✤　✤

Q148 数回経過したところで、「これからはどんなふうにカウンセリングを進めていくのですか？」とクライエントに尋ねられました。自分なりの考えを伝えようと思ったのですが、あまりに突然で、まだまとまっておらず、しどろもどろになってしまいました。

A148 無理なら次回に

初心者のうちは、急に考えを問われて答えてはみたものの、支離滅裂なことを言ってしまった、と後悔することもあるでしょう。そうならないように、このクライエントの抱える苦しみは何だろう、このセラピーでは二人で何をしているのだろう、と普段から意識し言語化する作業を心がける必要があります。唐突に聞かれてすぐに考えがまとまらず、うまく言えないと思ったら、〈わかりました。私の考えていることをお伝えしようと思いますが、今日はまだうまくまとまっていません。次回にお話しするということでいかがでしょうか？〉と言うのも一つの方法です。もちろん、次の回までには必ず考えをまとめておかねばなりません。

もう一つは、その質問の意図を確かめることです。もしかすると、こういう進め方をしてほしいという希望が具体的にあるのかもしれません。〈何かご希望がありますか？〉と尋ね返してみましょう。あるいは、セラピーを受けてきたここまでの感想を語りたいのかもしれません。〈これまでセラピーを受けてこられていかがですか？〉と尋ねてみましょう。セラピーに対する不信が感じられる場合は、そのことについて正面切って話し合いましょう。あるいはまた、話すことがなくなってきたように感じて、継続することに不安を感じているのかもしれません。その場合は、セラピーは二人で協力しながらやっていくものだという安心感をもってもらうのがよいと思います。

✤　✤

Q149 自分の考えをまとめて伝えようと思うのですが、どこまで言ってよいのか、こんな言い方でいいのかと考えると不安になります。

A149 疑問形で伝える／伝えたあとで話し合う

こんなことを言ってもいいのか、決めつけになりはしないかとか、先読みしすぎではないかといった不安がよぎるため、自分の考えを伝えることに躊躇する気持ちはわかります。クライエントにとって厳しい内容を伝えるときには特にそうかもしれません。確かに、下手をすれば妥当ではない解釈でクライエントを傷つけてしまうことも起こりうるでしょう。

そうならないように、同じことを伝えるにも伝え方に配慮することは大切です。解釈はあくまでもセラピスト側の仮説にすぎません。ですから、解釈するとき、断定的な言い方は避けます。決めつけにならないように、セラピストの考えを肯定も否定もできる自由をクライエントが感じられるように伝えます。そのためには、疑問形で伝えるのも一つの方法です。

例えば〈これまでお話を伺ってきて、私はこんなふうに感じたんですけど、それについてはどう思われますか？〉のように、尋ねる言い方をするのです。こう言えば、それを受け入れるか否かはクライエントに委ねられた形になりますし、対話促進的になります。評価でも決めつけでも批判でもなく、投げかけて一緒に検討する感覚で伝えるのです。このとき、解釈は触媒としての機能を果たします。

もう一つは、伝えたらそれで終わりなのではなくて、伝えたあと、そのことについてよく話し合うことです。もしクライエントがセラピストの言ったことを否定したのなら、否定したという事実を新たな情報として取り入れ、その意味をさらに考えることになります。

✤　✤

Q150　セラピストが自分の考えを伝えたとして、クライエントがそれを受けとめてくれるかどうかがわかりません。いつ言ったらよいというのはありますか？

A150　双方の心の準備状態が整えば言える

同じ言葉であっても、クライエントの心にスッと入っていく場合とそうでない場合があります。クライエントが受けとめられるかどうかは、セラピストとクライエント、双方の心の準備が整っているかによると思います。

一つは、セラピスト側の準備状態ですが、言葉がどれだけ熟成されているかというのがポイントです。

あるとき、セラピストの中でこれはこうなのではないかという気づきが生まれます。しかしまだそれが確かであるかははっきりしません。回を重ねる中で、他のデータと照らし合わせながら確認していくことで、自分の仮説が確からしいという感覚が高まっていきます。それにつれて自分の中で言葉がまとまってきて、やがて最も適切な言葉へと熟成されていきます。セラピストの中で「こういう言葉なら言える」と思えたら言えるのです。

もう一つはクライエント側の準備状態です。クライエントが受けとめられなかったとすれば、それは解釈が妥当でなかったことも考えられますが、中身は妥当だけれども受け入れられるだけの機が熟していなかったということもありえます。そしてそれは、クライエント自身がそれまで自分の心の課題にどれだけ取り組んできたか、クライエントとセラピストが関係の基盤をどれだけ築いてきたかで決まります。タイミングを見計らっていると、今ならクライエントは受けとめられそうだと思える時が訪れます。そうなったら言えるのです。逆に言うと、これを言ってもいいかどうか迷いがあるうちは、機が熟していないと考えて言わないほうがよいということになるでしょう。

あるいは、言うかどうしようか迷った場合、〈これは言おうかどうか迷ったんですけど〉と、セラピストの迷いやその理由をクライエントに率直に伝えるのがよい場合もあります。クライエントにとって、セラピストの迷いが自分の中の気持ちの揺れと呼応しているように感じられた場合には、クライエントはその迷いに自覚的に向き合いやすくなるのではないでしょうか。

✤　✤

Q151 クライエントに思い切って自分の考えを伝えてみたのですが、あんなこと言ってよかったのかと気になっています。

A151 反応を見ないとわからない

セラピストの言ったこと、やったことがよかったか悪かったかは、クライエントの反応をしっかり見なければわかりません。解釈のあと、それに対する反応がその場ですぐ出るときもあります。考え込む人、笑い出す人、ショックを受けながらもそれを隠そうとして立て直しを図り、何とかその場の「出口」を見つけようと言葉を探す人、とさまざまです。

一方、セラピストの解釈の影響が何ヵ月も経ってから現れることもあります。例えば、セラピストがあるときクライエントの行動のパターンについて指摘したところ、その場では反応を見せなかったクライエントが、三ヵ月経ってから「言われたときはちょっとショックだったんですけれど、よく考えてみたら本当にそうだなって。言ってもらってよかったです」と言うような場合もあります。セラピストの伝えた考えの妥当性は、一般に、セラピーのその後の経過が物語ります。自分の言動がどのような影響をもたらしたのかをしっかりと見てください。

反応を見たが、特に反応はなかったという場合もあるでしょう。しかし、それは「反応がなかった」のではありません。「一見反応がなかった」というのがこの場合の反応なのです。どうして反応を示さなかったのでしょうか。よくわからなかったのでしょうか。セラピストの考えが的はずれだったのでしょうか。それとも自分の心の内を見せることから自分を守ったのでしょうか。無反応の意味を受けとめる必要があります。

✤　✤

Q152　セラピストとしての考えを伝えてみました。クライエントは「はい」と答えたのですが、何となく、あっさりと引き下がりすぎの印象を受けました。

A152　「はい」と答えたから正しかったとは言えないし、「いいえ」と答えたから正しくなかったとも言えない

私たちは、人から何かを指摘されたとき、状況によっては、「ん？　それは違うんじゃないかな」と思いながら、口では「そうですね」と肯定することもありますし、内心では図星だと思って狼狽《うろた》えながら、咄嗟の防衛として「いいえ」と否定することもあります。これはセラピーでも日常生活でも同じです。「はい」と答えたから正しかったとは言えませんし、「いいえ」と答えたから正しくなかったとも言えません。

「解釈に対してクライエントは口では肯定したけれども、今の説明で本当に納得したのかな、あっさりと引き下がりすぎなのではないかな」と思ったのだとすれば、その場合は、〈あれ？　もう納得されました？　疑問に思うことがあればもっと聞いてくださったらいいんですよ〉と言うこともできます。そして、〈私が言ったことを聞いてどう感じましたか？〉と尋ね、どうしてそんなにあっさり答えたのかを話し合うのです。

✤

✤

Q 153

意見を求められたので〈それでよいと思います〉と答えたのですが、怪訝そうな顔をされてしまいました。肯定したつもりだったのですが。

A 153

判断の根拠を挙げて説明する

怪訝そうな顔をされたのなら、〈あまり納得されていないようですね〉と直接尋ねてみましょう。もしかするとクライエントが怪訝そうな顔をしたのは、どうしてそれでよいと言えるのかがわからなかったからなのかもしれません。質問を受けて自分の考えを述べるときは、〈はい〉〈いいえ〉とか、〈そうだと思います〉とだけ答えるのではなく、根拠を挙げながら丁寧に答えることが大切です。〈それでよいと思います。というのは……〉ということです。

根拠を挙げるということの例示として、不登校児の母親面接の例を取り上げてみましょう。

「無理して連れて行ったりしないほうがいいんでしょうか？」

〈無理したら行けそうな気がしますか？〉

「だめでしょうね。でも、かすかな望みに賭けてみるとか……」

〈そうですね。賭けてみたいというお気持ちはわかります。可能性はゼロではないかもしれません。でも、ご自身でも心配しておられるように、うまく行かない可能性も高そうです。その場合は、今までの努力が台無しになって、また一から信頼関係を立て直さなくてはならないようになるかもしれません。ですから、あまり荒っぽい手は使いたくない、できれば緩やかに変化していければと思っているんです。それに、以前に一度試してみたことがあるんでしたよね。そのときは、顔が青ざめて、唇を震わせて、結局、校門の中に入れなかった。そこまでの状態になったのなら、無理はしないほうがよいように思いますけど〉

✤　✤

Q154　クライエントにああいうふうに言ったのはやはりまずかったと思います。訂正することは可能でしょうか？

A154　前に言ったことをあとで訂正することは、けっこう可能

一度言ってしまったことは訂正できないときもあれば、訂正できるときもあります。それは一般の人間関係でも心理療法でも同じです。訂正がまったくできないというようなことはありません。自分でまずいと気づいたり、スーパーヴィジョンを受けてまずかったなと思ったら、次の回に訂正すればよいのです。

その際は、自分が焦って保身に走るということではなく、クライエントのことを誠実に考えているからこそ訂正するのだという態度をもって接してください。〈この前はああ言いましたけれど、あとで考えたら少し違うなって思ったので、言い直します〉と前置きすることもできるでしょう。あるいは、〈私、この前はこうしてくださいと言いましたね。そのあとどうでしたか？〉と尋ね、「いや……、実はまったくやっていません」といった答えが返ってきたら、〈そうでしたか。実は前回私の中にも迷いがあったんですけれど、結局あっちを言ったんです。でもあれから考えて、あれはやっぱりちょっと無理があったかなと気になっていたんです。その点はどうでしたか？　無理を感じていませんでしたか？〉と訂正しつつ、クライエントの気持ちを取り上げる方法もあるでしょう。

コラム

セラピストの考えを伝える過程

①仮説を立てる
②どのような表現を用いれば伝えられるかを考える
③伝えるタイミングを計る
④伝えたあとの反応を見る

第七章 枠が揺れるとき

心理療法における枠の大切さについては、まず頭で理解し、経験を積みながら実感していくというのが一般的であろう。しかしその間にも、①クライエントから枠の持続的もしくは一時的な変更の申し出があったり、②クライエントが意識的・無意識的に枠破りをしたり、③偶発的に枠が揺らされたりすることがある。また、④相談機関等の要因で構造的に枠が安定しないこともあるし、⑤セラピストの都合で持続的もしくは一時的に変更しないといけない場合が出てきたり、好ましいことではないが、⑥セラピストが予約を忘れたり遅刻したりするなど枠破りをする場合もある。

いずれにしても、枠はクライエントの心がさまざまに表現される場である。枠について話し合うこと自体がセラピーを前に進める機会となることも多い。

20　枠を守ることと柔軟に変更すること

Q155　心理療法では枠が大切だということを習いましたが、正直言ってそこまで厳密に守らないといけないものなのかという疑問をもっています。

A155　枠を守ることは目的ではなく手段である

心理療法において、枠とか治療構造と呼ばれるものは、大変重要です。その役割は、有意義な作業を円滑に進めることと、作業する人々の安全を確保することにあります。心理療法の枠は、いわば変化を生じさせるための器です。器には限界があり、だからこそ、その中で変化が生じます。特別な器の中で行うことによって、一見ただのおしゃべりにしか見えない対話が心理療法となり、ただ遊んでいるだけに見える子どもとのかかわりが遊戯療法になるのです。また、変化には危険が伴う場合もあるので、内容物が不用意に漏れ出たりしないように努めねばなりません。

一般的なサービスのイメージで言えば、時間を気にせずに相談に乗ってもらえるほうがよいサービスかもしれません。しかし、時間的制約があるからこそ、その時間を互いに有意義なものにしようという意欲が高まるという面もあります。心理療法はそちらを重視します。

時間が変動することで不安定になる人もいます。例えば、五〇分の枠で、二〇分延長して七〇分話を聞いたとしましょう。すると、中には二〇分も長くセラピストに負担をかけたので、申し訳ないと自分を責める人が出てきます。そして、次の回は五〇分きっちりに終わったとすると、「前回は二〇分長くやってくれたのに、今回は時間どおりにきっちりと終わった。前回、私は内心特別に大事に思われているのかなと思ったし、次の回も長くやってくれるかなと少しだけ期待していたけれど、やっぱり特別ではないのかな。前回長くやりすぎて私のことが嫌いになったのかな」といった具合に、心が大きく揺れるクライエントもいます。一定であることは安定感につながります。セラピストのほうから、頻繁に時間を延長したり、面接回数を増やそうとしたりするときは、セラピストのほうに、焦りや負い目などの逆転移感情があるのかもしれないと考えてみる必要があります。

しかし、カウンセリングにおいて枠を守るということがどれだけ重要であったとしても、枠を守ること自体が目的なのではありません。事例に応じて、またその時々の状況に応じて、柔軟に対応することが求められます。ここでいう「柔軟に」とは、「何でもあり」ということではなく、心理療法の継続を維持し、より有意義なものとなるように、通常とは異なる対応を取るということです。その判断にはセラピストとしての責任が伴います。経験を積んでいくと、やはり枠は重要なものだと実感させられる機会もあるでしょうし、もう一方では、枠の精神を活かしながら事例に応じて柔軟に振る舞うことができるようにもなってくると思います。

✤　✤

Q156　うちの職場では、部屋や時間の設定をあまり固定せず、次回の日時や部屋をその都度決めています。クライエントも特に気にしている様子はないので、それほど気にすることはないのかなと思っていますが。

A156　職場ごとの論理は違ってよいが、固定することにも意味はある

心理臨床の領域も広いですから、助言や情報提供などを行うガイダンス的面接が中心の仕事もあります。そうした場合は、あまり時間や部屋を厳密に決めず、クライエントが早く着いたなら、たまたま空いている部屋で早く始めるというのも、その現場の論理としてはありうるでしょう。また、現実にクライエントの勤務のシフトの関連で曜日と時間を固定できないこともありますから、必ず固定しなければならない、そうでなければできないというほどのものではありません。

しかし、一方でこういうことも考えておく必要があります。数回継続来談したあるクライエントが「今日は火曜日だから相談室に行く日だ、と自動的に思うようになってきた」と報告してくれたことがあります。時間が決まっていると生活の中にリズムが生まれます。一般的に言って、いつもの時間にいつもの慣れた場所で行うほうが心の作業に集中しやすいものです。作業をする時間が不定だと、うっかり忘れたり勘違いしたりすることも多くなります。

また、クライエントの中には、時間や部屋を変えられたことを自分が大事にされていないからだと受けとめたり、何らかの罰として時間や部屋が変えられたのだという空想を抱いたりする人もいます。口では「別にどこでもかまいませんよ」と言っているクライエントでも、内心では不快に思っているかもしれないという繊細さは必要です。

✤　✤

Q157

遅刻が続いているので枠について話をしようと思うのですが、クライエントの話があまり途切れないので、それを遮ってまでするのがよいのか、迷いがあります。それに、責めることになりはしないかと心配です。やはり取り上げたほうがよいのでしょうか？

A157

流れを止めてでも枠について話し合うべき時がある

初心者は特に、枠について話し合うことを避けがちです。「どう切り出せばいいのかわからない」とか、「取ってつけたような言い方になってしまいそうだ」とか、「せっかく話しているのだから流れを止めてまで枠の話をしなくても」という声を聞くことがあります。確かにクライエントの話の流れに乗ることは大切なことですが、流れに乗ることと流されてしまうことは別です。枠がはっきりしていてこそ流れが意味をもつのですから、枠について話すことは、流れと無関係の作業ではありません。

枠はそれ自体がクライエントの心がさまざまに表現される場です。枠について話し合うことそのものがセラピーを前に進めることも少なくありません。遅刻の理由を聞いてみると、電車が事故で止まっていてというような場合もありますから、すべてについて心理的な理由を読み取ろうとするのは行きすぎでしょうが、遅刻という行動の背後に、心の動きが感じられる場合も多いものです。遅刻のことに触れなければ、それをみすみす見逃すことになってしまいます。前回のセラピストの発言に内心少しムッとして、その抗議の意味で、あるいはそのことを言いたいけれども言う勇気がないと感じて、遅刻してくることだってありえます。

責めないようにというのはそのとおりです。例えば遅刻が続いている場合であれば、こんなやり取りもありうるでしょう。〈＊＊さん、今日はちょっとこちらからお話があるんですけれど。ここ三回ほど、遅刻が続いていますよね〉「すみません」〈いえ、謝ってほしいということではなくて。どういうことなのかなと思って、一度伺ってみようと思ったんです〉。

遅刻のことに触れるとは、理由を尋ね、はっきりしないときは一緒に考えるということです。セラピーを受けることへの迷いが遅刻となって現れているのであれば、〈この時間は＊＊さんのための時間と思って私は大事にしているんです。ですから、＊＊さんも大事に考えてほしいと思っています〉というような言い方でセラピストとしての思いを伝え、セラピーを受ける意欲を支えます。

21　意識的・無意識的・偶発的な枠の揺れと枠破り

Q158　クライエントが電車のダイヤが乱れていて三〇分くらい遅刻しそうだと電話で連絡してきました。ダイヤが乱れているのは本当のようです。不可抗力で遅刻した場合は、延長するのはありでしょうか？

A158　不可抗力の場合は人間的に対応するが、無理なこともある

クライエントが遅刻した場合、予定どおりに終わるのが基本です。遅れて来たからといって、その分延長することは通常はしません。それは、「予約している時間を私はそのクライエントの時間として大事に思っているので、クライエントも大事に考えてほしい」というメッセージです。それに、予定どおりに終わらないと、「遅れてもその分遅くまでやってもらえるのだ」と考えて、どんどん遅れてくるクライエントもいます。

とはいえ、まったく延長することがないかと言えば、そんなことはありません。いつも乗る電車が事故で不通になっているというような理由がはっきりしている場合でも、一切変更に応じないというのは、私は非人間的な対応だと思います。もし、一度延長したことで、クライエントがその後も特段の理由もなく遅刻を繰り返すようになったとしたら、そうなってからそのことを話題に取り上げればよい話です。ただ、次の時間に他のクライエントの予約が入っていたら、その場合は、当然のことながら延長はできません。クライエントから遅刻の電話がかかってきたときに、そのことを伝え、時間が短くなってもそれでも来るか、それとも二〇分しかないならキャンセルするかをクライエントに選んでもらいます。

中には、残り五分しかないのに、それでもいいからどうしても今日話したいということで、五分間だけ話して、いつもどおりに料金を払って帰られた方もおられます。

✤　✤

Q159 先日、クライエントは終わりの時間よりも早く部屋を出ようとしました。なぜ出ようとしたのかはよくわかりませんでしたが、ともかく止めました。それでよかったのでしょうか？

A159 行動は止め、早く出たい気持ちを聞くのが基本だが、現実的な理由があるときは認めることもある

クライエントが終了時刻よりも少し早めに終わって部屋を出て行きたがるときは、時間が来るまでは部屋の中にいなければならないと伝えるのが基本です。それは、早く出て行きたい気持ちを受けとめるためです。終わりの時間が決まっていて、それまでは部屋にいることがルールであることが確認されているにもかかわらず、早く出たいのだとすれば、そこには何か意味があるからです。不快に思っているという場合もあるでしょうが、それればかりではありません。

セラピストに負担をかけたように思い、気を遣って二、三分早く席を立とうとする人もいます。前回から今回までの間に臨時で電話をかけてきて一〇分近く話をしたクライエントが、その回の面接を一〇分早く切り上げようとしたという例もありました。同じような理由で「次回は一回飛ばしてもらってもいいです」と言ったクライエントもいました。あるいは、自分が人に迷惑をかける行為をしたことを打ち明けたあと、セラピストに叱られるのではないかと怖くなって、早めに出ようとする人もいます。こうした理由ならば、早めに出ることはしっかりと止めて、その気持ちのほうを話題にすることが大事です。

とはいえ、「今日は子どもをどうしても迎えに行かないといけないので、いつもより一五分早く終わってもらっていいですか」といった現実的な理由であれば、それを認めないということはありません。「それを口実に」という場合がありうるにしても、〈迎えに行くな〉とはやはり言えないでしょう。もし表向きの理由の他に理由がありそうなときは、次の回に、〈前回は一五分短かったですね。間に合いましたか？〉と話題に取り上げることもできます。

✤　✤

Q160 クライエントがあと五分という時間になってから大きな秘密を話し出しました。それは聞いたほうがよいのでしょうか？　もし時間がある場合は、延長するのもありうるでしょうか？

A160 次回に回すのが基本だが、必要性が感じられ、時間的に可能ならば聞くこともある

クライエントが何か大きな秘密を話そうとしても、残り時間がごく少ない場合は、聞かずに済ませ、次回まで待ってもらうほうがよいと思います。話したあとの反応として、激しく動揺するクライエントもいるでしょうから。聞くのであれば、クライエントがその話をしたことを後悔せず、落ち着いて帰ることができるよう配慮するだけの時間があるかどうかを確認した上で聞くべきです。ですから、時間がないのであれば、〈重要なお話のようですけど、今日はそれをじっくりと聞かせていただくだけの時間がなさそうです。次回に聞かせていただこうと思いますが、それでもかまいませんか？〉と言うのが基本だと思います。

これまで言いあぐねていたことをクライエントが思い切って話しはじめた、そして次の時間は空いている、これだけは聞いておいたほうがよいだろうという場合には延長して聞くこともあると思います。それはその事例によります。結果として延長した場合は、時間の枠を破ったことの影響がどのように出てくるか、出てこないかをよく見てみましょう。

もし、面接時間の最後ぎりぎりになって「実は」と大事な話を始めようとすることが何度か繰り返されているのであれば、繰り返されているという事実そのものを取り上げます。その反復はその話をしたい気持ちと、したくない気持ち（抵抗）の両方が現れた姿と言えるでしょうから。〈この前も最後になって大事な話をしようとされましたね。話したい気持ちと話したくない気持ちがあるのでしょうか？〉のように指摘し、〈その両方の気持ちについて次回聞かせてください〉と伝えることもできます。

✤　✤

Q161　クライエントがセッションの途中で辛い話を語って泣きはじめ、その後、終わりの時間になるまでずっと泣いていました。時間が来たのでそのまま終わったのですが、これでよかったのかなという思いが残りました。

A161　気分の切り替えをして終わることが守りとして働くこともある

セッションの終わりには、心理療法という非日常場面と日常場面の切り替えをして、危険を回避するという配慮が必要です。催眠術をかけられた人が催眠状態を解かれずに現実の生活に戻される危険を考えてみればよくわかります。セッションが終わる際、セラピストは、「心のことに深く取り組む時間は終わりです。さあ気持ちを切り替えて、次の回まで現実をしっかりと生きましょう」というメッセージを伝えているわけです。

深い話をしたあと、セッションの最後になってクライエントが泣いていたり、沈思黙考していたりという場合は、時間になって急に「終わりです」と言われてもすぐには心の切り替えが難しいかもしれません。こうしたときは、このまま終わりの時間を迎えてしまうのではなく、少し早めに気分を切り替えてもらうのもよいかもしれません。例えば、残り三分になったときに、〈あと三分で終わりなので、少し気分を変えましょうか〉と伝えることもできます。また、現実に引き戻すような質問をして話を敢えて浅くするのも一つの方法でしょう。

例えば、〈今日は最後のほうで急に話が深いところに入りましたね。でも、今日の時間はあと二分になったので、続きはまた今度ということにして、少し話を軽くしましょうか。来週コンサートに行くと先ほどおっしゃっておられましたけど、誰のコンサートか、聞いてもいいですか？〉というような言い方です。ただし、クライエントの心を守るために話を浅くしようというセラピストの意図が通じなければ、クライエントはせっかく深い話を始めたのに無視された、受けとめてもらえなかったと思うかもしれません。ですからセラピストとしての意図をはっきり伝える必要があります。

✤　✤

Q162 キャンセルの電話が入ったとの伝言があった場合、折り返し電話したほうがよいのでしょうか？　また、無断キャンセルの場合は、電話すべきでしょうか？

A162 必ず電話しなければならないことはないし、電話してはならないこともない

　伝言を受け取ったときに、折り返し電話するか否かは、最初から決まっているわけではありません。見立てと方針に基づいて事例ごとに判断するしかありません。キャンセルの理由がはっきりしていて、すでに次回の予約が入っているのであれば、必ずしも折り返し電話をする必要はないでしょう。セラピストにちゃんと伝わったかどうかクライエントが心配しているようなら、伝え聞いたことを知らせるために電話することもあります。キャンセルの理由を言わなかったときに、どうも気になって、〈どうかされましたか？〉と確認の電話を入れることはあるかもしれませんが、次回の面接で間に合うようならかけ直すこともないでしょう。

　無断キャンセルの場合、予定していたセッションの時間の終わりくらいに電話してみることもありますし、次回、同じ曜日の同じ時間に来ることに自動的になっているのであれば、電話しないこともあるでしょう。無断キャンセルはセラピーへの抵抗の場合もあるでしょうが、何か突発的な出来事があって、連絡できなかったという場合もありえます。

無断キャンセルが時折入るクライエントで、セラピストから電話したほうがよいか迷ったときは、クライエントに直接尋ねてみるのも一つの方法です。〈この前連絡なしに休みになったとき、私のほうから連絡しようかとも思ったんですけど、それだとなんか過保護のような気もするし、でも電話をしないとあなたがそのままずるずると来なくなるのではという危惧も湧いてきました。それで、そういうとき私はどうするのがよいのか、あなた自身に聞いてみようと思ったんです〉。セラピストだけが悩んでいるのも変な話なので、クライエントにも考えてもらうのです。

✤　✤

Q163　クライエントがお中元の品を持ってこられ、受け取ってよいかどうかとても迷いました。また旅行のお土産を持ってこられることもありますが、そちらはどうでしょうか？

A163　受け取ることも受け取らないこともある／持ってきた気持ちを取り上げる

贈り物を受け取るか受け取らないかは、一概に言いにくいところがあります。どんな場合でも受け取らないというのも、どんな場合も受け取るというのも、どちらも極端だと思います。判断する要素の一つは、贈り物の額です。文化的に許容できる範囲の中元の品やお土産などの場合は受け取ることもあるでしょうが、社会常識に照らして（これもまた人によって違うのでややこしいのですが）高額なものは受け取るべきではありません。

受け取るか受け取らないかを考えるもう一つの要素は、どのような意図で持ってきたのかということです。例えば贈り物が純粋に感謝を表す場合、受け取らないことでクライエントが「傷ついた」と感じそうな場合、これまで人から「ありがとう」と言ってもらった記憶のない人が、人に何かを施すという行為ができるようになり、お礼を言ってもらうことに積極的な意味があると感じられる場合には受け取ります。逆に、贈り物をしないと見捨てられるのではないかという不安を抱えている場合、実はセラピストに対する否定的な感情が隠されている場合、セラピストを思うように動かそうとする場合、一度受け取るとエスカレートしそうな場合は受け取りません。

いずれにしても、なぜそれをセラピストにプレゼントしようと思ったのかを話題として取り上げることが大切です。受け取ってかまわない程度のものであれば先に受け取ってから理由を聞くこともあるでしょうし、理由がよくわからないのであれば先に理由を尋ねることもあるでしょう。

話し合いをして、贈り物をしようとした意図がクライエント自身はっきりした結果、たとえ少額のものであっても、双方の納得の上で受け取らないということもありえます。受け取る場合は、〈では、今回は初めての一人旅ということだから、記念にいただいておきますね。でも、料金をいただいているのですから、今後はけっこうですよ〉というような言い方もできると思います。

✤　✤

Q164 外出先でクライエントとばったり出会ってしまいました。突然の出来事で、なんだかそっけない態度をとってしまった気がして。こういうときはどう振る舞ったらよいものでしょうか？

A164 礼儀正しく、あっさりと

クライエントにとってセラピストは「自分の秘密を握っている人」なので、その人に日常場面で出会うと自分の秘密が歩いているかのような不安を感じたりもしますし、セラピストが誰かと談笑していれば秘密を誰かに漏らされているのではないかと疑心暗鬼になることもあります。セラピストは基本的に非日常場面の住人に徹する必要があり、だからこそ、もともと知り合いの人やごく近所に住む人を引き受けないのです。

とはいえ、クライエントと外でばったりと出会うことは稀に起きます。特に地方都市では、どうしても生活圏がクライエントと同じにならざるを得ないので、その確率は上がるかもしれません。出会ったときは、礼儀正しく、あっさりと接しましょう。無視するのは人としておかしいので挨拶はしますが、長い話はしません。クライエントが話したそうにしていたら、〈次回お会いしたときにまたゆっくりと聞かせていただきますね〉と答えます。

そして、次の回に、外で出会ったことを話題に取り上げます。面接室外で出会ったことにやや混乱しているクライエントもいます。次の回の面接で〈この前会いましたね〉と言ったら、「よく似た人もいるものだなあ、と思っていました」と答えたクライエントがいました。やや現実感の乏しいクライエントでしたが、セラピストは面接室の中にだけいるもので、外にいることなど想像もできなかったのでしょう。

さて、挨拶すると言いましたが、クライエントが他の人と一緒の場合には挨拶も交わさないほうがよい場合もあるかもしれません。例えば、スクールカウンセリングや大学の学生相談では、校内で顔を合わせる可能性は高くなりますが、クライエントがカウンセリングを受けていることを友達に知られたくないと思っているのであれば、そしらぬ顔をしたほうがよいかもしれません。しかし逆に、挨拶しないとクライエントが無視されたように感じるかもしれません。そのときは、次の面接のときにこんなふうにクライエントの意向を尋ねておいてもよいでしょう。〈この前、会ったよね。挨拶もしなかったけど、無視したわけじゃないんだ。友達と一緒みたいだったから、挨拶されるのがもしかしたら嫌かもしれないと思って挨拶しなかったんだよ。どうしたほうがよかったかな？　この前みたいに会ったときは、挨拶してもかまわない？　それともしないほうがいい？〉そういう場面でどうしてほしいかは人によって異なるからです。

✤　✤

Q165 **クライエントは音楽が好きな人で、私が興味を示したら、「今度CDを持ってきます」と言われました。プレイセラピーではおもちゃの持ち込みはよくないと言われているので、気になったのですが、こういう場合はかまわないのでしょうか？**

A165 **面接中に一緒に音楽を聴くのも表現療法の一種**

私はかまわないと思いますし、音楽好きのクライエントに私のほうから〈CDを持って来て今度ここで一緒に聴いてみませんか？〉と提案することもあります。

これは表現療法の一つだと考えています。自分に合った表現様式に出会ったとき、クライエントの中で今まで語られることのなかったものが、出口を見つけ、心の外に流れ出します。音楽はたとえ自分が作ったり、演奏したりした曲でなくても、その曲を気に入っている人の世界観や基本的な感情（悲しみや怒りなど）を表現するものです。セラピストがそれを受け取り、共有することは、心理療法の一つの形式になりえます。中でも、孤独感を覚え、自分の世界を音楽の中にのみ求めていた人にとっては、他者と一緒に音楽を聴くこと自体が新たな体験でしょうし、どれを聴かせようかと考えるだけでもすでに他者との対話が始まっています。描画・造形療法は盛んに行われているのに、音楽を用いた表現療法が低調なのは普段から残念に思っています。

進め方について、少し具体的に述べましょう。クライエントが誰のどの曲にしようか迷っているときには、〈自分のお気に入りでもいいし、私に聴かせたい曲でもいいし、二人で一緒に聴きたい曲でもいいですよ〉と伝えます。セラピストは次回、部屋にCDプレイヤーなどを用意しておきます。音楽をダウンロードした携帯端末にイヤホンをつけて聴くのでは、音楽を一緒に聴くという体験にはなりにくいと思うので、私はしていません。

一セッションは五〇分程度の場合が多いですから、CD一枚を全部聴くとそれだけでほとんど終わってしまいます。しかも、CDを何枚か持って来るクライエントもいます。そこで、選んで聴くことになるわけですが、〈全部は聴けないと思うので、すべての曲をダイジェストで少しずつ聴いてもいいし、＊＊さんが今、私と一緒に聴きたい曲を三曲選んでもらうのでもいいですけれど、どうしますか？〉と尋ねることもあります。中には、「これは四〇分ほどのアルバムなので、是非全部聴きたい」と言った人がいましたので、そのときは全部聴きました。聴いたあと、簡単に感想を言い合っただけでそのセッションは終わりましたが、それに意味があるならその回はそれでかまいません。

聴いたあと、このCDにした理由、その場で曲を選んだのであれば特にその曲を選んだ理由などを尋ねます。心が落ち着くのがいいと言う人もいるでしょうし、その曲の実験的な尖った感じが好きと言う人もいるでしょう。そして、この場でセラピストと一緒に聴いてみてどうだったか感想を求めます。セラピストも感想（湧いてきた感情や連想）を述べます。聴いてみて、そのクライエントらしいと感じることもありますし、意外だと思うこともあります。歌詞がそのクライエントの気持ちを代弁しているように感じることもありますし、叫ぶような歌い方や激しくかき鳴らされるギターの音などに痛々しさを覚えることもあります。

音楽には好みがありますから、セラピストが必ずしも気に入るとは限りませんし、無理にクライエントに合わせる必要もありません。〈三曲のうちだと私はこれが一番気に入ったけど、これはもうひとつかなあ〉とクライエントとの趣味の違いというニュアンスで伝えることもできます。その違いもまた一つの体験です。

クライエントに教えてもらった音楽のCDやレコードが自室の棚に並んでいるというセラピストは、実は意外といるのではないでしょうか。

✤

✤

Q 166 **青年期のクライエントで、本や漫画を持ってきて、「次までに読んできてください」と言う人がいますが、借りて持って帰るというのはどうなのでしょうか？　あるいは、逆にこちらから貸すことはしてもよいのでしょうか？**

A 166 **意図を話し合った上で、無理しない範囲で借りることもある**

まず、貸したいというクライエントの意図を確認し、しっかり話し合いましょう。その上で、借りるのはいいと思います。ただ、約束したら果たさないといけません。次回までにすべて読んでくるのは時間的に無理だという場合は、はっきりそう伝えたほうがよいと思います。無理は禁物です。漫画をドサッと一〇冊、大きなカバンに詰めて持ってくる人もいたりしますから。大学の学生相談で、クライエントから難しそうな分厚い哲学書を差し出され、読んでくださいと言われたことがあります。そのときは、ここがセラピーのポイントと思ったので借りることにしました。〈目は通すけど、感想を言えるかどうかは自信ないよ〉と言い訳（？）をした上ででしたが……。

貸そうと思うときは、なぜ私はこれを今このクライエントに貸そうとするのだろうと、しっかり自問自答してください。そして、セラピーに限らず、貸し借りにはトラブルがつきものだということも忘れないようにしましょう。

22　枠の変更の要望

Q167 クライエントから、週一回で設定していた面接を月一回に変えてほしいという要望がありました。こうした場合、要望どおりに変更するのがよいのかどうかがわかりません。

A167 要望の意味を受けとめる

要望を受けて枠を一時的に、あるいは持続的に変更する際に留意すべきことは、①理由を明確にすること、②変更に伴うリスクを低減すること、③変更したあとどのような影響が見られるかを確認することの三点です。

クライエントから何らかの要求があった場合、それを受け入れるかどうかを判断する前に、なぜそういう要求をするのかをよく話し合ってみましょう。その要求の背景に、いろいろな事情や感情や意図があるかもしれないからです。そのように要望する理由も聞かずに「はいはい」と応じたのでは、拍子抜けするクライエントもいるかもしれません。何らかの反応があるものと予期していた人もいるでしょうから。例えば、セラピーの意義が感じられず、セラピーへの疑問をもっていることを伝えたくてそう言ったのに、「わかりました。いいですよ」とすぐに要求を飲まれたのでは、それについて話し合うことができません。また、セラピストに依存したい気持ちをもっている人がそれを抑圧し、その反動として頻度を減らしたいといった要望が出すこともありえます。そのような場合は、要望に応じるよりも、その背景にある思いを取り上げていくと、「ああ、私がさっきこう言ったのはこういうことだったんですね」と納得して、要求が取り下げられることもあります。

一方、合理的な理由がある場合、すなわち経済的な理由でとか、異動で仕事が忙しくなったからとか、やや遠方に引っ越すのでといった理由で頻度を減らさざるを得ない場合は、柔軟に変更して悪くはありません。また、セラピーがすでにある程度の成果を上げ、以前ほどの頻度を必要としなくなったのであれば、頻度を減らすことは離れていくための試行期間として意味づけられるでしょう。その場合は、一ヵ月間、間が空くことにクライエントは実際に耐えられるかどうかを確かめてみるのも一つです。

ところで、逆に、週二回に増やしてもらえないかと言われる場合もあります。これも、その要望の意味を受けとめなければいけません。例えば、焦りから回数を増やしてほしいという要求が出ている場合は、〈焦ってはいませんか？〉と焦り自体を取り上げます。その焦りはどこから来るのかを話し合い、焦る気持ちに共感を示しつつも、〈一歩ずつ着実に進んでいきましょうね〉と伝えて、その要求には乗らないことも多いと思います。あるいは、セラピストにより依存したいと思っているのであれば、要求どおりに回数を増やすことは、依存性をさらに高めることになるかもしれません。セラピストは自分がその依存を受けとめられるかどうかも含めてよく考え、負担は増えても頻度を増やすことに意味があると思えば増やせばよいし、無理ならば断わるほうが賢明です。

✤　✤

Q168 クライエントはやや遠方に引っ越したため、クライエントの要望もあって、月一回の割合で継続することに変わりました。しかし、月に一回で意味のあることができるのでしょうか？

A168 月一回でもできることはある

確かに、集中的な取り組みをするには週に一回のほうが望ましいでしょう。月に一回になると、その間よい意味での緊張を持続することが難しい人もいるでしょうし、一ヵ月の間に起きた出来事の報告だけで時間が過ぎていくようなことにもなりかねません。

だからといって、隔週や月一回だと意味のあることができないということはないと思います。大学院生の頃、月に一度、遠方から通ってくる中学生を担当していたことがありました。スーパーヴィジョンでこの事例を聞いてもらったとき、スーパーヴァイザーは「月に一度だから、四回分……」と切り出しました。私はてっきり「……頑張るつもりで」と続くのかと思ったのですが、「頑張ろうなどと思わないで」と言われたので、肩の力が抜けて笑ってしまった覚えがあります。私としては、月に一度だからその分頑張らなくてはというような変な気負いがあったのだろうと思います。

実際、月に一度であっても、中弛みすることなく、前回のことをしっかりと覚えていて、自分でいろいろと考えてくるクライエントもいます。月に一回でできることを積極的に意味づけ、やれることをやればよいのです。

✤　✤

Q 169　経済的に苦しいクライエントに、うちの相談室には料金の減免措置があると言ったら、ぜひお願いしたいということだったので、会議にかけて認めてもらいました。ところが、ようやく減額にこぎつけたのにその翌週に中断してしまいました。何かまずかったのでしょうか?

A 169　安くすればよいというほど単純ではない

有料の機関で、定められた料金を支払うだけの収入がないクライエントが来た場合にどうするか。インテークのときにすでにそれがわかることもあるし、経過の途中で退職して、収入がなくなるということもあります。子どもであれば無料の相談機関を紹介することもある程度可能ですが、大人となればなかなかそういうところはありません。開業している人の中には、料金が払えない人は引き受けないという人もいますし、料金を減額する人もいますし、減額はしないけれども支払えるようになってからまとめて支払ってもらうという人もいますし、額は変えられないので回数を減らして細く長く続けようとする人もいます。福祉的観点からすると減額や支払猶予などの対応があるのは望ましいことでしょう。その一方で、セラピーの価値を示そうと思うと、あまりに安いのは、それだけの価値しかありませんとセラピスト自らが認めているような気もして、気持ちとしては複雑です。

さて、減額措置が認められたとたんに中断したというのはどんな理由が考えられるでしょうか。可能性はいろいろありますが、一つには減額してもらったことでセラピストに対する負債感が高まってしまったのかもしれません。あるいは、そんなことをしてもらわないといけない自分を情けないと思ったのかもしれません。あるいは、自分の要求が通ってしまったことに怖さを覚えたのかもしれません。いずれにしても、ともかく安くすればクライエントに喜んでもらえるというほど単純なものではないことがわかります。

✤　✤

Q170 しょっちゅう時間や曜日を変更してほしいと言うクライエントがいて、振り回され感があります。これはどう対応したらよいでしょうか？

A170 自分が受け容れられる範囲をはっきりと示す／振り回され感をクライエントに伝えてみる

実際に仕事が不定期な人や、かなり多忙で急な予定がよく入る人の場合には、致し方ない面もあります。しかしそうでもないのに、頻繁に変更を要求してくる場合はどんなことが考えられるでしょうか。

一つには、どれくらい自分の要求を聞いてくれるのかを確かめようとしているのかもしれません。その場合は、自分が受け容れられる範囲をはっきりと示すこと。すべてを受け容れないといけないわけではありません。

あるいは、クライエント自身がこれまでどれだけ人に振り回されてきたかを、発話ではなく行動で表しているという可能性もあります。その可能性が高そうだとなれば、こんな言い方もできると思います。〈これまで何度も時間や曜日の変更がありましたね。お忙しいのもよくわかっているつもりですが、その一方で何かこちらが動かされてしまうという感覚も実はもっていました。それで、そのことを考えていたら、もしかしたら、＊＊さんご自身が人から振り回されてきたように感じておられるんではないかと思ったのですが、いかがですか？〉

Q 171 私の勤める相談機関には、複数のセラピストがいます。あるとき、他のセラピストが担当しているクライエントが、「セラピストを変えてほしい」と言ったらしく、そのセラピストから私に次の担当者になってほしいという要請がありました。そういう変更希望は認めてもよいのでしょうか？

A 171 変更希望の意味を知る／その機関のルールに基づいて判断する

まずは、変更希望をそのまま認めるのではなく、何が起きているのか、なぜ変更を希望するのかを現在のセラピストとの間でよく話し合ってもらうのが基本です。それによって、そのプロセスが治療的に意味づけられ、結果的に変更希望が取り下げられるのであればそれでよいわけです。ただ、関係があまりにこじれていて、それを修復することにエネルギーを注いでもあまり生産的でないという場合も中にはあります。そのときは、他の相談機関に行ってもらうか、同じ相談機関の中でセラピストを変えるか、という選択肢が出てきます。

そのクライエントはなぜ同一機関の中で変更を希望するのでしょうか。その地方には他に同様の相談機関がないといった現実的な理由があるかもしれませんし、もっと心理的な理由なのかもしれません。最終的に同一機関内でのセラピストの変更を認めるか否かは、その機関の考えによります。カウンセラー間だけで決めるのではなく、責任ある立場の人に相談するのもよいですし、会議にかけて状況を総合的に判断した上で結論を出すというシステムになっている機関もあると思います。

変更する場合も、変更は一回限りであるというルールを作り、それを（場合によっては責任ある立場の人が）クライエントに伝えることが、枠組みを安定させることにつながるかもしれません。そして後任の人は、セラピーの目標や進め方をクライエントと再確認してから始めるのがよいと思います。

Q 172 **クライエントがもう一ヵ所、別の心理相談機関に行きはじめたと言いました。理由は、多くの人の考えを参考にしたいからということでした。同僚は、どちらか一方に決めてもらうべきだと言うのですが。**

A 172 **二ヵ所に行くこともなくはないが、クライエントが混乱しないように配慮する**

まず、クライエントは他の機関にも行く権利をもっています。助言を得ることが目的であるならば、確かに多くの人の考えを参考にすることが役に立つことはあるでしょうから、セカンド・オピニオンを求めに行くことは理解できます。あるいは、二ヵ所のタイプの異なる相談機関に行くのであれば、それぞれ別の目的をもって行くということもありえます。例えば、スクールカウンセリングでは学校への適応を図ることを目的にし、精神科クリニックでは治療的なカウンセリングを行うといった場合です。その場合は、そうした「棲み分け」を行っていることを、カウンセラーとクライエントの間だけでなく、両方のカウンセラーの間でも確認することが望ましいでしょう。このように棲み分けをしても、二ヵ所で話される内容を完全に区別することは難しいでしょうが、意識することで混乱はかなりの部分避けられますし、クライエントが混乱しかけたときには、どのように区別することにしたのかを再度確認すればよいと思います。

ただ、それでも二ヵ所のカウンセラーの助言や方針が異なっているために、クライエントがどちらに従えばよいか混乱しているのであれば、一ヵ所に絞るほうがよいと思います。それから、助言というレベルで済む事例であれば複数の相談機関に行くことにも意味はあるかもしれませんが、探索的に進む事例であれば、自分の心理的課題に取り組むエネルギーが二ヵ所に通うことで分散してしまうかもしれません。この場合も、一ヵ所にするほうがよいでしょう。また、別の相談機関にも行った理由の中に、セラピストへの不信感が含まれているのだとすれば、それをセラピストに直接伝えることが治療的なことも少なくありません。その点を素通りしてしまわないように、理由をよく聞いて判断しましょう。

23　セラピスト側の都合による枠の変更と揺れ

Q173　セラピスト自身の都合で、面接をお休みしなければならなくなりました。クライエントには、どのように伝えたらいいでしょうか？　休む理由は伝えるべきですか？

A173　できれば少し早めに／休む理由は詳細でなくともよいが正直に

予定が事前にわかっているのであれば、急に〈来週お休みになります〉と言われるのはショックを与える恐れがあるので、二、三回前には伝えます。少し長めの休みが入るときには特にそうだと思います。私は基本的に、休みになる日を紙に書いて渡すようにしています。口頭で伝えて、クライエントがその場では「わかりました」と言っていても、混乱したのか勘違いしたのか翌週に休んだりすることがあるからです。紙に書いて渡しておけば家に帰ってから確認できます。

もし急な都合で〈来週は都合が悪くなったのでお休みします〉と言わねばならないときは、その回の最後ではなく、最初に言うようにしています。五〇分間、二人ともそのことを念頭に置きながら話ができるからです。体の不調や身内の不幸など突発的な休みの場合は事務の方などに代わりに連絡してもらって、クライエントには事後的に話すほかないでしょう。

理由については、「言い訳はしないほうがよいので説明しない」という人もいるようですが、説明しなければクライエントは訳がわからず、不信感を募らせることにもなりかねません。あまり言い訳がましく長々と説明するのはおかしなことですが、〈学会に出席するので〉とか〈身内に不幸があって〉など、ある程度までは言うほうが望ましいと思います。誰が亡くなったかまで言う必要はないと思いますが。どこまで言うかは、そのクライエントとの関係によっても違ってくるでしょう。

体調がすぐれないながらも予約が入っているからと無理して職場に来て、セラピーをしているうちに体調がますます悪くなってきたというようなこともないわけではありません。続けるのが困難なほどになったら、クライエントに正直に言って、途中で終わらせてもらうのも仕方ありません。正直に言えば、クライエントは多くの場合わかってくれるものです。

✤

✤

Q174 私自身の都合で休んだ場合、その影響が出ないかと心配です。

A174 何らかの影響は出るものだと考える／成長の機会になることもある

自分が休んだことの悪影響が出ないでほしいと思うのもわかりますが、関係ができていれば何らかの影響が出るのは自然なことです。ですから、罪悪感を覚えるよりも、どのような影響が出ているかをしっかりと見ることが大切です。

セラピストは、個人的な都合で休む場合、それがいかに仕方がないことであるかを説得しがちになります。たとえ仕方がないにしても、その休みをクライエントがどう感じるかは別の話です。事情を理解し、頭では納得したとしても、気持ちの上ではモヤモヤ感が残ることもあるでしょう。休みになることを伝えたときにすでに何らかの反応が見られることもあります。セラピストの電話番号を尋ねる人、セラピストがどのあたりに住んでいるのかを聞く人、何か宿題を出してほしいと言う人。セラピストの不在によって、人からないがしろにされた過去の体験が思い出され、セラピストから見捨てられるのではという不安を覚えて動揺し、怒りを示したり、不安を過剰にコントロールしようと急に尊大に振る舞ったりする人。休みを告げたあとの気持ちを丁寧に拾う必要があります。休みを知らせるために渡した紙を失くしてしまったクライエントがいました。どのように感じていたのでしょうか。

休み明けも同様に、休みが入った反応をしっかり見る必要があります。セラピストの都合で休みになった次の回、「いつもより先生のことが遠く感じられる」と言ったクライエントがいました。あるいは、セラピストの休みの翌週に、あまりはっきりとしない理由で、まるで仕返しであるかのようにクライエントが一回休むこともあります。また、気持ちだけでなく、クライエントが抱いていた空想が表現されることもあります。クライエントは、たとえ理由を説明されていても、セラピストの休みに対してさまざまな空想を抱くものです。そうした空想は、クライエントの内的世界を知る上で重要な情報となります。休み明けに日焼けしているセラピストを見て、「先生、ハワイに行っておられたんですか？」と尋ねたクライエントがいます。なぜハワイなのでしょうか。

さて、影響が出るにしても、悪影響とは限りません。セラピストの休みはクライエントにとって時に試練となりますが、場合によっては成長の機会にもなりえます。休みの間、どうしていたのかと尋ねると、「よほどセラピストに手紙を出そうかとも思ったけど、我慢してみた」と思いを語った人がいたり、休みだった日に初めて自分で車を運転して友達と旅行に行ってきたという「冒険談」を語った人もいます。悪影響のほうばかりを見ないことです。

✤　✤

Q175

複数のセラピストで、いくつかの面接室を共同で使用している職場です。私が使う予定の部屋で一つ前の時間帯に別のカウンセラーが面接をしています。その面接が長引いているようで、私のクライエントの面接時間になっても、まだ部屋から出てきません。クライエントには待ってもらっていますが、申し訳なく思っています。しかし、前のクライエントにも事情があるのかもしれないと考えると、あ

まり強く言えない気がして。

A175 時間になったなら、遠慮せずにノックすべき

確かに、前の時間帯の面接には何か延長したい事情があるのかもしれません。しかし、それは他のクライエントの面接の予約に優先するものではないはずです。時間はその相談機関を使用する人みんなが守らねばならないルールです。時間になったら遠慮せずにノックしましょう。それが自分のクライエントを守ることになります。前の時間のクライエントを責めることはできません。面接を運営する責任はセラピストにありますから。ノックをして、時間であることを冷静に伝えます。可能ならば部屋の出入りの際にクライエント同士が鉢合わせにならないように気をつけましょう。

たとえ、他の面接室が空いていたとしても、自分のほうが譲って、別の部屋で面接する必要はありません。他に空いている部屋があるからといって、部屋を替えて面接したら、「私よりもあのクライエントのほうが大切にされているのだ」と受け取るクライエントもいるでしょう。もし必要があって延長するのであれば、延長する側が部屋を移動するのが筋です。

入室後に自分のクライエントが、「(前の時間帯のクライエントを追い出したみたいで）なんか申し訳ないような気がする」と言うことがあります。その場合は、気遣いは不要であることを説明し、気を遣わせて申し訳ないと伝えた上で、その気遣いの仕方について話し合うのがよいかもしれません。逆に、少し待たされたことに対する不満を言う人もいます。その不満が、自分が大事にされてこなかったという過去の体験とつながっているのであれば、それと絡めて話を聞いてみましょう。

第八章

終結・引き継ぎ・中断

セラピーの終わり方には、話し合いによる終結、セラピストの都合による中断、クライエントの都合による中断の三通りがある。セラピストの都合による中断の場合は、同じ機関の中で引き継ぎを行うこともある。

終わるときは、セラピストとして自分が何をやってきたのかを振り返る機会となるだろう。

24 終結

Q 176 終結にするかどうかというのは、どちらから言い出すものなのでしょうか？　セラピストのほうから言うこともあるのですか？

A 176 二人で話し合い、最終的にはクライエントが決める

クライエントのほうからはっきりと、あるいは暗に終わりにしたいと伝えることもありますし、セラピストのほうから伝えることもあります。双方が〈私もそろそろだと思っていました〉のように一致するならいいのですが、いつもそうとは限りません。行動面でずいぶんと変わってくると、もう終わりかなという考えがもたげてくることがあります。しかし、冷静に考えてみればそれは最初の低いステージから一段上のステージに上がっただけで、当初の目標に照らして考えてみると、心理的にはまだまだということもあります。目標が達成できていないのにクライエントがやめようとする場合は、抵抗が働いている可能性もあります。しかしまた、目標が完全に達成されていなくても、「これからは自分でやっていこうと思います」という覚悟ができた時点で終わるというのも一つの選択肢です。クライエントとしては満足して出口に向かって歩きはじめているのに、セラピストがそれを理解しておらず、さらに深める方向に向いていると、お互いに相手の態度を不思議に感じるようなことも生じます。

逆にセラピストから〈そろそろ終わりに〉と言われて、クライエントが納得できないときは、セラピストが終わりの時期を見誤っている可能性もありますし、クライエントが依存して離れたがっていない場合もありえます。

いずれにしても、二人でよく話し合います。どうなったら終わりと呼べるのかをクライエントと共に考えてみることも必要でしょう。セラピストから言う場合も、決して一方的にやめますと宣言するのではありません。そして、最終的にどうするかを決めるのはクライエント自身です。

✤　✤

Q177 あるときクライエントから、「私、変化しているんでしょうか?」と尋ねられました。変化していないと言われたような気がして、申し訳ない思いがしました。

A177 クライエントは自分の変化に気づいているとは限らない

実際に変化していない場合もあるでしょうが、変化しているのにその変化に気づいていない場合も考えられます。セラピストが「クライエントは変化してきたなあ」と思っていても、クライエントは自分の変化を実感できていないこともあります。例えば、自分のなりたい姿があるのにそれになかなか到達できず、しかも否定的思考をする傾向が強いクライエントの場合だと、少し変化してもまだまだだなあと感じて、できるようになってきたことを正当に評価できないということがあります。そういうときは、例えば、〈一年前は確かこういうことをおっしゃっていましたね。今みたいにこういうことはできていませんでした。それからすると進歩されたように思いますけど。できてないことばかりに目を向けずに、自分ができるようになったことをプラスに評価してあげてくださいね〉のように伝えるのも一つでしょう。すっと受け入れられるかどうかは別ですが。

こんなこともありました。ある強迫性障害のクライエントは、車に乗るとき、どこで左に曲がるかをあらかじめ調べておき、もしそこで曲がるのを忘れて行き過ぎたら、その交差点の手前までいったん逆戻りしてもう一度やり直すということをしていました。数ヵ月経って、車の運転の話をしたときには、「車でどこどこへ行って、そこで何々しました」と出来事だけをさらりと語りました。セラピストが〈前は運転するときはいったん逆戻りして、と言っておられましたが〉と伝えると、「ああ、そう言えばそんなことを言っていましたね」と思い出したように答え、「今はどこで曲がっても目的地にたどり着けば一緒です」と言いました。傍から見たら、変化に気づいていないのはむしろ驚きなのですが、強迫が治ってくるときには、以前の強迫的だったときの自分の姿を忘れてしまうという面があるのかもしれません。

✤　✤

Q178 面接を通してクライエントの変化を感じるには、どんな点に注目すればよいのでしょうか?

A178 自己報告と、面接室での様子と、第三者情報と

一つには、クライエントが自分で報告する症状や行動、認知、情緒、意欲、人間関係などの変化があります。これまでやらなかった行動、例えば、外に出かけるようになった、部屋の模様替えをした、アルバムの整理をしたといった行動の変化は、心が変化してきたことの表れと考えられます。「怒りを爆発させる前に、ワンテンポ置けるようになってきた」「テレビドラマを見ていて失恋の話になっても、自分の嫌な思い出と無関係に見られるようになった」「ちょっとくらい甘えてもいいのかなと思えるようになってきた」というのもそうです。

二つ目は、面接場面で直接観察することができる変化です。服装や髪型や姿勢の変化もあります。無頓着だった人がピシッとしてくるとか、逆に隙のない外見だった人が緩んでくるということもあります。語られる内容の変化も見られます。例えば、当初は「ここで泣いちゃダメですよね」(信念)と言っていた人が、「泣いてもいいんですか?」(許可)と言うようになり、さらに「泣いてもいいんですよね」(確認)と言うように変化していった人がいました。段々とセラピストの前で甘えを出せるようになってきたのです。他には、セラピストを気遣い、顔色を見て話していた人が気にせずに話せるようになってく

るとか、逆に攻撃的だった印象の人がセラピストに思いやりを示すようになるといった関係性の変化もあります。セラピストに対して「先生、なんか変わりましたね」と言ったクライエントがいました。〈どういうふうに？〉「いや、なんとなくですけど」。実際にセラピストが変わった可能性もありますが、クライエントのほうが変わって、セラピストに対する見え方が変化した可能性もあります。

三つ目は、第三者からの情報です。家族や連携している機関からということが多いでしょうが、受付の人や同僚から「＊＊さん（クライエント）、最近変わってこられましたね」と言われることもあります。

セラピストは、こうした変化の積み重ねの中で終結を考えるようになるわけです。

✤　✤

Q179 終結が決まったあとは、どのような作業が必要なのでしょうか？

A179 それまでのセラピーを意味づけながら、別れを大切にして、出立を後押しする

終結が決まってからのセラピストの役割は、それまでのセラピーを意味づけながら、別れを大切にして、出立を後押しすることです。そのためには、①終結に向けた枠組みを確認すること、②セラピーを振り返って、できたこと、できなかったことを確認すること、③終結に当たってのクライエントの感情を整理すること、④セラピスト自身の感情を処理すること、が必要になります。

一つ目の終結に向けた枠組みを確認するというのは、いつが最後の回になるかを明確にし、終わるまでに何回あるのかを確認するということです。とはいえ、予定していた最後の回がクライエントの体調不良などでできなくなるという可能性もゼロではありません。そうすると、最後の最後は残念ながら電話や手紙でお別れということになりますが、そのためにも、別れの作業は最後の回だけでなく、少し前から行っておくのが望ましいと思います。

コラム

終結が決まってからの作業

①終結に向けた枠組みを確認する
②セラピーを振り返って、できたこと、できなかったことを確認する
③終結に当たってのクライエントの感情を整理する
④セラピスト自身の感情を処理する

Q 180 セラピーの過程をクライエントと振り返るというのは、実際にはどのようにするのでしょうか?

A 180 何ができて何が残ったのかを明らかにする

こちらから特に振り返りの回を設定しなくても、クライエントのほうから「以前はこんな話をしていましたね」と言い出し、自然に振り返りが生じることもありますが、いつもそうとは限りません。最終回やそれに先立つ回には、クライエントと共にセラピーの過程を振り返る回を設けます。前の回に〈次回は少し時間をとって振り返りをしましょう。これまでどんなことをやってきたか、私も考えてきますから、＊＊さんも考えてみてください〉と予告しておくと、双方とも心の準備ができるでしょう。また最終回には、何となく話が流れてできずに終わったということがないように、〈今日は最終回ですので、最後の二〇分くらいで、これまでやってきたことを振り返ってみましょうね〉と言って枠づけておくとやりやすいでしょう。

振り返る作業とは、何ができたのか、何が課題として残っているのかを確認することです。私はまず、〈ここに来るようになってから、一年が経ちました。来てみて、いかがでしたか？〉というような言い方で、クライエントの感想を尋ねてみます。それを言語化するのが得意なクライエントも苦手なクライエントもいるでしょうが、自分なりの言い方で何かを言うと思います。さらに、〈こんなこともありましたね、あのときはどうでしたか？〉と経過を振り返ります。描画や箱庭などをしてきたのであれば、作品や撮っておいた写真を順に一緒に見ながら振り返ることもできます。

セラピストのほうも、そのクライエントとのセラピーの過程を振り返り、言語化して伝えることもします。つまり、〈振り返ってみると、結局はこういうことだったのかもしれませんね。そして、セラピーを通してこんなことができたのかと、私は思っているのですが〉とセラピストとしての考えを述べるのです。例えば、こんな言い方です。〈最初は思ったことをうまく伝えられずにイライラして、人に当たったり、リストカットをしたりしていました。それがだんだんと自分の考えをその場で言えるようになって。何でもかんでもその場ですぐに言えるわけではないけれど、少し間をおいて気持ちの整理をしてから言えば言えることもあるとわかりましたね。それともう一つ、感情的に反応するだけじゃなくて、受け流すこともできるようになりました。一年かけて、こういうことができるようになったのだと思います〉。

ついでながら、面接の中で聞こうと思っていて最後まで聞けなかったことがあれば、〈これは私の勉強のために教えてほしいんですけれど〉と言って、確認させてもらうとよいでしょう。

初心のセラピストの中には、十分なことができなかったのではないかという負い目から、何ができたのかをクライエントと共に振り返りたくないと思う人もいるようですが、振り返りはクライエントにとっても、セラピストにとっても大切な機会です。

✤　✤

Q181 **ケースが終結しました。しかし、何ができたんだろうと考えると、あまりよくわかりません。セラピーを振り返る際のポイントがあれば教えてください。**

A181 **個々の心理療法を意味づける四つのポイント**

心理療法の「効果」を質問紙法検査などで変化量を測定して量的に表現するのは、ある意味わかりやすい方法ですが、心はすべてが量的に表現されるわけではありません。その評価には、質的な意味づけも重要です。では、意味づけはどのようにすればよいのでしょうか。その観点を四つにまとめてみます。

コラム

個々の心理療法を意味づける四つのポイント

①現象面での変化
現象面における変化（適応の改善、症状の軽減、問題行動の減少）がどの程度見られたか

②心理面での変化
内的な心の作業として、どのようなことがなされたか

③現象面と心理面のつながり
内的な心の作業は、現象面の変化とどのようにつながっているのか

④変化を引き起こした要因
何がその変化をもたらしたのか。プロセスの中で何が起きたのか。突発的な出来事や周囲の変化はどのように作用したのか。これらの変化が進んでいく中でセラピストが果たした役割は何だったのか

この四点は、終結時だけでなく、途中経過においても、現時点でどこまで進んでいるのかを振り返る際に使えると思います。四点について、それぞれ書いてまとめてみましょう。その際、何によってそう言えるのか、根拠を示しながら書くことが大切です。

ともかく、やりっぱなしはいけません。終結すると、「はい、終わり」といった感じで、終結回についてスーパーヴィジョンを受けないという人もいますが、自分が行った作業を最後までしっかりと振り返って、正当に評価すべきです。

✤　✤

Q182　終結に当たってセラピーでできたことと残ったことを明らかにするということですが、心理的課題が残っているのだとしたら、その課題は最後まで達成しなくてもよいのでしょうか？

A182　クライエントの自力での課題達成を後押しする

心理的課題がすべて達成されて終結となったら、完璧と言えるかもしれません。しかし、クライエントは自分の心理的課題のすべてをセラピストと共にやらねばならないということはありません。心理療法の目標は自助の力の習得や回復ですから、クライエントが「あとは自分でやれそうだ」と思えるところまで同伴すればよいのです。終結が決まったら、セラピストは必要に応じて〈こういうところはまだ残っていますね〉と、残った課題の明確化をしますが、課題の達成にこだわって話を深めようとすべきではありません。何ができたのかを話し合い、〈残ったところはこれから自分で取り組んでいってください〉と、自力でやっていこうとするクライエントの動きを支えるのがセラピストの役目です。

✤　✤

Q183　クライエントから、「最初ここに来たのは、会社の人間関係のことでしたけど、それは解決しました。これから先は、これまでもチラチラとお話はしましたけれど、自分の生まれ育った家族について話を

聞いてほしいんです。それはできますか？」と聞かれました。主訴が変わっても引き受けたほうがよいのでしょうか？

A183 **新たな課題や目標を確認した上でやることもあるが、必ずやらねばならないことはない**

ひと山越えてクライエントのほうから、もう一つ別の課題に取り組みたいという要望が出ることがあります。その場合は、ひと山目の過程を振り返った上で、ふた山目として何をやるかを明確にし、新たに合意を得ます。とはいえ、必ず引き受けるというわけではありません。場合によっては、〈今は現実の課題のほうが忙しいから、そこはもう少しの間置いておきませんか？〉と提案して「そうですね」となることもあります。

クライエントから申し出はないけれども、セラピストのほうから、〈家族の問題のほうはどうしますか？　取り組んでみますか？〉と尋ねることもあります。「やりたいです」と言う人もいれば、「今はやめておきます」と答える人もいます。セラピストの態度としては、ふた山目をやることに開かれているが、やりたがるのではない、といったところでしょうか。

✤　✤

Q184 **一緒に話し合って終結することになっていたクライエントが、終わりが近づくにつれて「本当に終わっていいんでしょうか？」と言い出しました。終結にするのをやめたほうがよいのでしょうか？**

A184 **分離への感情を整理して出立を支える**

終結はクライエントにとって喜ばしいことですが、一方で過去の自分の喪失であり、支えとしてきた人との別離ですから、心細かったり、寂しかったり、不安になったりするのはクライエントの一般心理として自然なことです。そうした感情を言葉でストレートに表現する人もいますが、「症状がまた悪くなってきました。やっぱりまだ治っていません」という形で訴える人もいます。

ですから、その場合は、クライエントが抱いているそうした感情を取り上げ、分離に対する喪の作業を行い、心に収めてもらうことが大切です。〈段々終わりが近づいてきますね。今どんなお気持ちですか？心細いとか、名残惜しいとか、そんなお気持ちはないですか？〉というような取り上げ方もあるでしょう。

「終わったあと、また来たくなったら来てもいいですか？」と聞くクライエントもいます。〈もう二度と来てはならないなんてことはありませんよ。来たくなったら来てください。ただ、今回はここでいったん終わりにしましょう〉と伝えます。そう聞くだけで安心する人も多いはずです。とはいえ、何年かのちに再びセラピーを受けに来る人も実際にいます。主訴は以前と同じ場合も、別の主訴の場合もあります。

終わりにすることへの不安が強い場合、終結したあと、例えば半年後に一度フォローアップの回をもって、うまくやれているかどうかを確認するやり方もあります。

終結に際して、出立しやすいように頻度の調整をすることもあります。例えば、週に一回の頻度で来ていた人が、よくなってきたので月一回の頻度に減らすといったことです。減らした上で、そのよい状態が定着するのを確かめながら半年間続け、セラピーから徐々に離れていくのを支えるというやり方もあります。逆に、よくなってきたので終結することになったけれども、同時に遠方に引っ越して新たな仕事に就くことになったというので、週二回に増やしてほしいと望んだクライエントがいました。その必要があるとセラピストが判断し、可能であるならそれもいいでしょう。そしてしばらく経ったら、実際に増減してみてどんな感覚でいるかをクライエントに確認してみましょう。

✤　✤

Q185 終結することが決まりましたが、私自身が寂しさを感じています。

A185 自分の中に湧いてくる感情を吟味する

セラピーは、いつか終わります。クライエントがここに来なくてよくなるために会っているのですから、終わるのは喜ばしいことです。とはいえ、終結に際してはセラピスト側にもさまざまな感情が湧いてくるものです。それ自体はおかしなことではありません。ですが、それに引きずられることのないよう、セラピストは自分の感情を吟味しなければなりません。

寂しかったり、未練を感じたりすることはあるでしょうが、〈また来てほしい〉と誘うようなことを言って、クライエントに負担感を与えてしまってはなりません。逆に、粘っこく引っ張ってしまいそうな気がして、その反動形成として妙にあっさりと別れを終えてしまおうとしたり、突き放そうとしたりということも起こりえます。

感情のままに行動することは避けねばなりませんが、感情を伝え合うことをしてはいけないという意味ではありません。私自身は、クライエントが「寂しいです」と言ったのに対して、〈私も＊＊さんとお別れするのは寂しいです〉と率直に返したこともあります。そのクライエントは、人から温かい感情を言葉で伝えてもらった経験が乏しく、それゆえに自分の感情をうまく表現することができずにきた人でした。そのクライエントにとっては、セラピストとの間で感情を素直に言葉で伝え合うことが、セラピーの締めくくりのようなものでした。

✤　✤

Q186 クライエントから突然「今日で終わりになります」と言われました。少し前の回に、「まだはっきりしないが、近々転勤が決まるかもしれない。もしそうなればここにカウンセリングを受けにくること

はできなくなる」とは聞いていたのですが、「今日で」と言われるとは思っていなかったので動揺もしましたし、不全感も残りました。

A186 いつでも終われるようにしておく

動揺したというのもわかります。それでも突発的なことで急に終わりとなることはありえます。ですから、たとえそうなっても、その場でまとめをして、セラピーを意味づけて終われるように準備をしておくことです。

また、不全感が残ったというのも気持ちとして理解できます。しかし、すべてを完全にやりつくさないと終われないわけではありません。きれいに終結した場合でも、すべての心理的課題が達成されたということはむしろ少ないものです。ですから、残ったことがあっても、何もできなかったかのように思うことはありません。大事なのは、何ができたのか、何が残ったのかを自覚し、クライエントと共有することです。残ったことは、その後クライエントが自分で、あるいは他のセラピストと一緒にやっていきます。最後の回にセラピストがすべきことは、今後の心の支えとなるような、「送り出す言葉」を考えて伝えることです。

もちろん、こちらがそう伝えても、クライエントはそのときは理解できないかもしれないし、理解はしてもどうすればよいかまではわからないかもしれません。(だからこそ、普段は時間をかけて共に考え、クライエント自身に気づいてもらえるようにしながら、クライエントのペースで進めていくのです。)しかし、ずっとあとになって理解できてきたり、こうすればいいんだということがわかってくることもありますから、伝えておくべきことは伝えておいたほうがよいと思います。

いつ終わりになっても何かを伝えられるように考えておくというのは、このように実際に突然終わりになる事例でなくても、大事なことかもしれません。それはこの事例において自分が何をしているのかを自覚し、言葉にしていなければできないことですから。
引っ越しが理由で終わりになるのであれば、引っ越し先でカウンセリングが受けられる機関の情報を伝えることもあるでしょう。クライエントが希望すれば、ですが。

25 引き継ぎ

Q187 私自身の次の就職が決まり、今行っている事例を私の都合でやめねばならなくなりました。仕方がないとはいえ、申し訳ない気持ちもあって、「今日こそはクライエントに言わなくちゃ」と思いながら、言いそびれてしまいました。

A187 引き継ぎがすべてマイナスに働くとは限らない

大学院の修了、転職、家族の転勤に伴った転居や、契約切れに伴う退職など、セラピストの都合でセラピーをやめねばならないときがあります。そうした場合、セラピストの中には「自分の都合でやめてしまって申し訳ない」といった罪悪感が生じやすいものです。クライエントに伝えたあとで、その場にいたたまれなくなって定刻より五分も早くセッションを切り上げてしまったという初心のセラピストもいました。セラピストが、自分が辞めることが如何に仕方のないことであるかを強調し、納得を得ようと躍起になった例もあります。そうした気持ちは理解できますが、セラピストには自分自身の感情を整理しながら、果たさねばならないいくつかの役割があります。その役割とは、①終了までの予定を明確にすること、②終了後のカウンセリングの継続について話し合い、継続するのであればその段取りを組むこと、③セラピーを意味づけて終わること、の三点にまとめられるでしょう。

最初にすべきなのは、最後の回がいつになるかをセラピスト自身が明確にすることです。これが不確定なうちに〈いつが最後か、あと何回かはわからないですが、三月末には辞めます〉と言ったのでは、クライエントの不安を煽るだけでしょう。伝えるときには、最後がいつかをはっきりさせた上で伝え、あと何回あるのかを二人で確認し、残りの回を大切にしたいと思っていると言い添えるのがよいと思います。

引き継ぎがすべてマイナスに働くとは限りません。次のセラピストと新たな関係を作ることがクライエントの成長の機会になることもあるのですから。

コラム

自己都合でセラピーをやめる場合にセラピストがすべきこと

①終了までの予定を明確にする
②引き継ぎの打診と段取りを組む
③セラピーを意味づけて終わる

Q188　私の都合でセラピーをやめねばならなくなりました。それを伝える時期はいつくらいがよいのでしょうか？　早ければ早いほどよいですか？

A188　心の準備をする余裕を与える／早すぎても負担となる

やめることを伝えるのは、何回前くらいがよいか。クライエントにすれば、突然「今日で終わりです」

と言われたのでは心の準備ができないですし、セラピストにしても終わることに伴うクライエントの感情を適切に扱うだけの余裕がありません。あと三回あると思っていても、クライエントが風邪を引いて一回休み、急な用事で一回休みになって、結果的に一回だけになってしまうということも実際にはありえます。ですから、ある程度は早めに言うほうがよいと思います。適当な数字を示すのは難しいですが、一、二ヵ月前、あるいは四、五回前くらいでしょうか。これは面接の頻度によっても変わります。最後の日をしっかり定めて、そこから逆算して〈あと＊回ですね〉と確認しながら進みましょう。

心の準備のためには、伝える時期は早ければ早いほうがよいかと言うと、そうとも言えません。勤務の契約が今年度いっぱいで切れるとか、セラピストが年度末で退職することが、年度初めにすでに決まっているなど、セラピストが年度末で退職することが、私的な事情（結婚や留学など）で遠くに引っ越すことになっている場合があります。この場合、一年後に退職することを年度当初（退職の一年前）に伝えたほうがよいでしょうか。クライエントもいろいろですから一概には言えませんが、辞めるとわかっている人と一年間もどう一緒に取り組んだらよいのか、どこまで深めたらよいのかわからなくなる人もいるでしょう。あるいは、このセラピストが退職したあとはどうなるんだろうという不安な気持ちを隠して一年間過ごす人もいます。早すぎても、クライエントにとってかえって負担となる可能性があるわけです。

早く伝えたいと思う気持ちの中に、早めに伝えて罪悪感を減らしたいという感情はないか、セラピストの私的な事情や運命をクライエントに聞いてほしいといった願望はないか、自分自身を振り返ってみる必要がありそうです。

✤　✤

Q189 辞めることを告げるのは、一回の面接の中で、最初とか最後とか、いつがよいというのはありますか？

A 189

クライエントの反応をフォローする時間的余裕を

クライエントはセラピストが辞めると聞いて、さまざまな反応を示します。ショックをその場であらわにする人もいれば、伝えたときには特に反応なく振る舞っていたのが、その回の後半で沈黙がちになる人もいます。セラピストが他県に行くと聞いて、「じゃあ、町でばったり会うこともないんですね」と寂しそうに言ったクライエントもいます。セラピストが外国に行くと聞いて、疫病の感染を心配したクライエントもいます。

辞める理由をどれだけ説明しても、クライエントの中にはさまざまな感情やファンタジーが湧き起こるものです。こうした反応を取り上げて話し合うためには、面接の最後ではなく、最初のほうに辞めることを告げるのがよいと思います。そのほうが、クライエントが動揺したまま家路につくことをいくらかでも防ぐことができるでしょう。

✤　✤

Q 190

引き継ぎを希望するかと聞いてみたところ、「どうしたらいいでしょう?」と逆に聞かれてしまいました。継続して受けることを勧めてもよいものでしょうか?

A 190

押しつけではなく提案として

セラピストが辞めると告げたあとは、それに合わせてセラピーを終わりにするか、それとも他のセラピストとセラピーを継続するかをクライエントに選んでもらう必要があります。当然のように「続けます」と、その場ですぐに答えを出す人もいます。終わりになることを急に告げられて、すぐに自分の考えがまとまらない人もいます。セラピストが継続の必要があると感じているなら、〈続けるか続けないか最終的には自分で決めてくださったらいいのですが、私としては続けて受けてほしいと思っています〉

と現セラピストとしての考え（期待）を伝えることも悪くありません。その場合は、押しつけではなく提案として伝えることが大事です。

クライエントが迷っているのであれば、続けたらどうで、続けなかったらどうという、メリット、デメリットの比較をして一緒に考えてみたらよいでしょう。また、迷っている場合は、理由も聞いてみましょう。例えば、引き継いでもらっても、次のセラピストとの関係が上手くいかないのではないかという不安を抱いているのかもしれません。また同じことを話さないといけないのかと考えてうんざりしているのかもしれません。その回に結論が出なかったら、〈また次回に話し合いましょう〉と伝えればよいと思います。クライエントがよく考えた上で、「しばらくは一人でやってみて、また必要になったら受けてみようと思います」という結論を出したのであれば、それを尊重します。

✤　✤

Q191 クライエントが引き継ぎを希望しました。クライエントとの間でやるべきことはどんなことでしょうか？

A191 後任の人選と、情報伝達と、引き合わせ

話し合いの結果、他のセラピストとセラピーを継続することに決まったときは、後任セラピストの人選をすることになります。もし選択の余地がある職場であれば、クライエントに、次のセラピストの性別や年齢層などについての希望を聞くこともあります。その際、〈必ずしも希望どおりになるとは限りませんけど、一応伺っておきます〉と言って尋ね、可能な範囲で希望が適うように努めます。新しいセラピストが決まったら、どんな人になったかをクライエントに伝え、安心感をもってもらえるように配慮します。

引き継ぎにあたって、これまでの経過を次のセラピストにどの程度伝えておくのがよいか、クライエ

ントの希望を尋ねます。これはクライエントによって希望が異なります。また同じことを話さなくてもいいように、セラピスト間でこれまでの経過をなるべく詳しく伝えておくことを望む人もいますし、「まっさらな気持ちで話したいので、言わないでおいてほしい」と言う人もいます。「このことは言っておいてほしいけれど、これは言わないでほしい」と希望を出す人もいます。今のセラピストだから言ったのであって、次のセラピストにまで言うかどうかは、会ってから判断したいというのもあるでしょう。ですから、セラピストが勝手に判断せずに希望を聞くのです。

伝えておくと約束したのならば、「やっぱり言わないほうがいいかと思って」などと勝手な判断をせずに、約束を守らねばなりません。実際に次のセラピストとのセラピーが始まって話をしたときに、伝えておく約束だったことが伝わっていなかったことがわかれば、クライエントは不信感を抱くでしょう。「全部伝えておいてください」というクライエントの中には、自己肯定感が低いために自分のことを自分で言うのが苦手で、それを避けようとして依存的になっている人もいます。その場合は、あっさりと代わりに伝えてしまうのではなく、〈自分で言ってみるのはどうですか?〉とそのこと自体を取り上げるのも意味のあることです。

最後の回か、その少し前の回に、新セラピストとの顔合わせを行います。私は、その回の冒頭に新セラピストをクライエントに引き合わせるのを基本としています。その回の最後に顔合わせだと、会ってみた印象をクライエントに聞く時間がありませんし、最後の最後はお別れすることにエネルギーを注ぎたいと思うからです。簡単に顔合わせをしたあと、〈会ってみてどうでしたか?〉と感想を尋ねます。「優しそうですね」とか「やっていけそうな気がします」と答えたクライエントもいました。「なんか……ちょっとひ弱そうですね」といった不安が語られる場合は、その不安について話し合います。それがその人の抱えている心理的課題とつながっている場合もありえます。

いずれにしても、クライエントが安心できるように、例えば〈次のセラピストの＊＊さんには、私とはまた違ったよい所があると思います。それを見つけて二人で新たな関係を作って頑張っていってほしいと思っています〉というような言葉を添え、二人の関係を支えるように配慮します。現セラピストが次のセラピストとすでに知り合いなのであれば、〈＊＊さんは、私の信頼している人です〉と伝えるのもよいでしょう。実際に信頼していれば、ですが。

コラム

引き継ぎ決定後に現セラピストがすること

①後任の人選
②後任への情報伝達の内容の確認
③後任との引き合わせ

✤　✤

Q 192 これまでの経過を次のセラピストに伝えるときに、何か配慮すべきことがあれば教えてください。

A 192 引き継ぎ資料を基に口頭で伝達するのが理想／後任の人がやりやすいように配慮する

情報を新セラピストに伝える場合、読んでおいてとこれまでの記録を渡すだけで終わらせるのではなく、用紙一、二枚程度の引き継ぎ資料を作成して、それを基に口頭で話し合いの機会をもつのが理想的です。セラピストの都合で急に辞めることになった場合は、日常生活のほうが慌しく、情報伝達の時間が十分に取れないこともありますが、できる限りのことはしておきたいところです。

引き継ぎ資料には、インテーク時点での情報、その後のセラピーの経過のあらまし、そして、どのような心理的課題にどのように取り組み、何ができて、何が残っているのかをまとめて書きます。また、クライエントについての印象や、付き合い方のコツのようなものがあれば、それも伝えると役に立つでしょう。もちろん、関係性にもよりますから、セラピストが変わっても同じであるとは限りませんが。

こういう場で、現セラピストが新セラピストに対して、これは私のケースだと言わんばかりに「本当はやめたくないんだけど」と未練たっぷりに言う人がいますが、それは望ましい態度ではありません。引き継ぎ後のやり方について支配的な態度で注文をつけたりする人もいますが、引き継ぎ後のことは新セラピストに任せるしかありません。「あなたはあくまでも私の代わり」のような態度ではあとの人がやりにくいでしょう。新セラピストがやりやすいように支えるのが現セラピストの役割です。

✤　✤

Q193 私の都合でセラピーを途中で終えることになってしまって、罪悪感を覚えます。何もできなかったのではないかという気がして……。

A193 治療的な別れになるように工夫するのが、セラピストの務め

セラピストから別れを告げることは、とりわけ外傷的な別れを経験したことがあるクライエントにとっては、見捨てられ体験の再燃となりえます。実際、「先生は私を見捨てるの？」と言われ、何も言い返せなかったセラピストもいます。セラピストからあと四回でやめることを聞いた翌週に、クライエントが「今日で終わりにしたい」と言うので、セラピストのほうが仰天したという例もあります。見捨てられるように感じ、それならいっそのこと自分のほうからやめてしまおうということなのかもしれません。別れの作業への直面を避ける意味もあるでしょうし、自分がセラピストを見捨てる側に立つことで防衛するという意味もあるのかもしれません。セラピストが罪悪感を覚えるのも、自分が見捨てる側に立つことを恐れるからでしょう。

しかし、お別れすることは、見捨てること、見捨てられることと同じではありません。別れに伴うショックや寂しさや怒りの感情を言葉で伝えることができ、〈こんなことがありましたね〉〈出会ったときはこうでしたね〉とセラピーのプロセスを振り返り、互いに大切に思ってきたことを確認し、感謝し合いながら別れることができれば、その別れは外傷的なものではなく、むしろよい別れの体験となるはずです。別れ自体は生きていく中で誰もが避けられないものですから、よい別れを体験することは、その後の人間関係、その後の別れの支えとなるでしょう。その意味では、「先生は私を見捨てるの？」とクライエントが口に出してくれたのは、ありがたいことです。その別れが治療的な意味をもつ別れとなるように、よく話し合ってみましょう。

ある障害者のクライエントは、セラピストが振り返りをしようとしても、あまりそれに乗ってきませんでした。セラピスト側は終わりでも、クライエントにはある意味終わりがありません。そのクライエントにとっては、問題は「開かれたまま」なのです。中には「あなたにとっては終わりかもしれないが、私にとってはずっと続くのですよ」と思っているクライエントもいることでしょう。その気持ちについて話し合うことが大事です。

引き継ぐにせよ、引き継がないにせよ、現セラピストとのセラピーは終わりになります。引き継ぎの段取りを整えることは一方で大事ですが、それに追われて、クライエントとのお別れにエネルギーを注げないのでは何にもなりません。

✤　✤

Q194 前任者から事例を引き継ぐことになりました。顔合わせはどのように行えばよいでしょうか？　また引き継ぎ後は前任者の進め方を踏襲するほうがよいのでしょうか？

A194 なるべく滑らかに移行して、新たな関係を作る

新セラピストとの顔合わせは、短時間で、本当に顔合わせだけのこともありますし、新旧のセラピストが同席して引き継ぎのセッションを行うというやり方をすることもあります。クライエントが安心するなら同席面接もよい方法です。ただ、現セラピストとの別れの作業に邪魔が入ったように感じたり、クライエントが二人のセラピストに対してどう心理的距離をとったらいいのかわからなくなって混乱する場合には、短時間の顔合わせだけにするほうが望ましいでしょう。

最初の顔合わせのとき、新セラピストがクライエントの態度がそっけないように感じて不安を抱くことがあります。クライエントは現セラピストとの別れの作業に忙しいのかもしれません。それはある程度自然なことですから、そんなに落ち込むことはありません。

引き継ぎに際しては、前セラピストが得た情報を頭に入れ、前セラピストのやり方をいきなり大きく変更することなく、できるだけスムーズに移行できるように配慮します。しかし、前セラピストとはセラピーのスタイルや流派が違うため、同じようにしてほしいというクライエントの期待に応えられない場合は、無理せずに前のセラピストと同じやり方はできないことを伝えます。あるいは、しばらくして他のやり方をするほうが望ましいように思った場合は、そのことを説明し、それでもやるかどうかをクライエントに尋ね、納得の上で変更していくのがよいでしょう。

前セラピストからの情報は、記録を読んでおくことになっていても、すべてが頭に入っているわけではありませんし、やはり直接に聞かないとわからないこともあります。そこで、クライエントに〈一応記録にはひととおり目を通しました。それでも、やっぱりご本人から聞いてみないとニュアンスがわからないこともあります。前に話したことをもう一度聞かせてもらうこともあるかもしれませんので、了承してください〉と伝えておきます。協力を仰ぐという感じで言うと、たいていは理解してもらえるでしょう。前セラピストとの関係が長い場合には、インテークのし直しとして、その時点での主訴を聞き、生育歴などの情報も改めて聞き直すほうがよい場合もあります。クライエント自らが繰り返し語りたがる場合は、まったく同じ話だと思わずに耳を傾けてみましょう。何か新たな発見があるかもしれません。

✤　✤

Q195 引き継ぎした事例です。数回続いたところで、クライエントが前のセラピストのことを批判的に語りました。どう聞けばよいのだろうとちょっと戸惑いました。

A195 鵜呑みにせずに、いくつかの可能性を考える

引き継ぎ後の関係作りの中で、クライエントは前のセラピストと新セラピストのパーソナリティやセラピーの進め方を必ずと言っていいほど比較します。これはある意味自然なことでしょう。前のほうがよかったと思って、最初は関係がガタガタすることもありえますし、逆に、新セラピストのほうが自分には合うと感じることもあるでしょう。

セラピーが進むにつれてクライエントが前セラピストとのエピソードを語ることがあります。前のセラピストを理想化して語ることもありますし、批判的に言うこともあります。前のセラピストへの不満を新セラピストに語るのは、新しいセラピストとの関係を作ろうとしているからで、新セラピストを信頼しはじめたことの証とも言えますし、この点だけはこうしてほしい、こうしないでほしい、このことだけはわかっておいてほしいという切実な願いであることもあります。

もし、「前のセラピストにこんなことを言われて辛かった」と言われたら、どう受けとめたらよいでしょう。実際に前のセラピストの対応が適切でなかった場合もあるでしょう。一方、前セラピストの対応の仕方が問題なのではなく、クライエントの人に対する見方、関わり方がその批判に現れているのであれば、その同じ批判は、自分（新セラピスト）に対しても繰り返される可能性があると考えておくべきです。自分も同じように共感し損ねたとき、クライエントは同じように辛く感じるかもしれません。それを見越して、〈私との面接でも、あんまり辛いことがあったら言ってくださいね〉と伝えておくのも一つです。あるいは、〈前のセラピストに、それを直接言ってみようとは思われませんでしたか？〉とか〈言ったらどんな反応が返ってくると思われましたか？〉と尋ねることも、クライエントの人に対する見方を知る手掛かりになるでしょう。実際に同じことが起きたときには、〈前のセラピストのときも同じような辛いことがあったと言っておられましたね〉とつなげて取り上げることもできます。そのときに大事なことは、以前とは異なる体験をしてもらうことです。

26　中断

Q196　クライエントから電話で「終わりにしたい」との申し出があったと受付の人から聞きました。終わりたいという気持ちを尊重してそのままにしておいたほうがいいのか、それとも、例えば電話して、事情を聞いた上で来るように言うほうがよいでしょうか？

A196　あっさりと引きすぎないこと、深追いしないこと

面接中にクライエントが口頭で中断を申し出る場合、あるいは面接の時間外にクライエントが電話をかけてきて中断を申し出る場合、また、申し出はないものの無断キャンセルが続くなどして中断が疑われる場合があります。心理療法の世界における中断とは、「問題の改善が見られない段階で、クライエント側からの申し出により、もしくは申し出がないままにセラピーが打ち切られること」と定義することができるでしょう。

中断の申し出があったとき、あるいは中断が疑われるときは、あっさりと引きすぎないこと、深追いしないことの二つを念頭に置く必要があります。来るか来ないかは最終的にはクライエントの自由である、というのはそのとおりです。しかし、これまで関係が続いていたクライエントが急に来なくなったのを、ただ放ったらかしにすることがクライエントの自由を尊重することになるというのも極端すぎるように思います。

申し出があった場合、中断したい理由を正面切って尋ねてみるのがよいでしょう。その回の最後のほうになって、クライエントから急に「今日でおしまいにしたい」と言われたら、動揺もするでしょうが、残りの短い時間を費やしてやめることについて話し合います。事情が許せば延長することもあるでしょう。そして、時間切れになってなお決着がつかなければ、例えば〈あなたの意思を尊重したい気持ちも一方にはあります。無理に引きとめようとは思いません。ですが、ここでやめたいと言われる理由が私にはもうひとつよくわかりません。やめるということについて次回もう一度話し合いたいのですが、いかがですか？〉のような言い方で、あと一回来ることを提案してみます。電話での申し出だった場合には、折り返し電話をし、電話で事情を聞くか、〈いずれにしても一度会って話したい〉と伝えることもできます。

話し合ってもなお、それでもやめたいとクライエントが言う場合もあります。その場合には、深追いは禁物です。クライエントにはセラピーをやめる自由があります。セラピストの都合で、あるいはセラピスト側の感情から引っ張ることは、クライエントにとって負担でしかありません。初心セラピストはとかく深追いしがちになります。うまくできなかった、失敗したんじゃないかという思いが強いと、それを打ち消すために引っ張りがちになるのかもしれません。いずれにしても、セラピストのほうがそうした自分の気持ちに整理をつけるべきです。

✤

✤

Q197 無断キャンセルが続いていて、中断かなとも思っています。この場合、連絡を取ってもいいものでしょうか?

A197 連絡して悪くはないが、必ずではない

無断キャンセルが続く場合に連絡を取るかどうかは、ケースバイケースです。中途半端な状態が続くのはお互いにとって気まずいものですから、電話などで事情を尋ねるのも悪くありません。理由があってしばらくお休みにするということならば、そのことを確認し合ったほうがよいですし、終わりにするならそのことについて話して終わりにするほうがよいでしょう。もちろん、クライエントがいつも本心を話すとは限りません。親しい親戚が病気で倒れてしばらく介護をしないといけないのでという理由を述べたとして、それが事実の場合もあれば、やめるための口実の場合もあります。

体調が悪いなどの理由で一度キャンセルし、次の予約は「また連絡します」となっていたのに、その後連絡が来ないこともあります。それが「もう行きません」という意味である場合もありますが、その後電話をかけるきっかけを失っていただけということもあります。後者であるなら、セラピストからの電話がきっかけでセラピーが再開することもあります。

何度かキャンセルが続いたところで、勝手に中断したと判断するよりも、連絡を取ってみて、それでも反応がなかったときに、初めて中断と言えるのかもしれません。連絡を取っても反応がないこともあるでしょう。手紙を出してもまったく返事が来ないこともあります。その場合、深追いすべきではないのは先述したとおりです。逆に言うと、これ以上連絡するとしつこくなるなと思ったらさっと引くという態度があるなら、連絡を取ってみることは悪くないと思います。

ただし、職場にはその職場の論理があります。とりわけ、医療機関では、来なくなった患者に連絡するという発想が基本的にありません。自分自身の職場適応のためにはそれに従うことも大事です。必要

を感じたら、職場の理解を得て連絡することも考えてみたらよいでしょうが、無理をすることはありません。

✤　✤

Q198 無断キャンセルの場合に、そのまま放っておかないほうがよい理由をもう少し説明してください。

A198 抵抗や転移からの中断の危機を乗り切る

心理療法の場合、クライエントは変わりたいから来るのですが、同時に、自分自身の心理的課題に直面する辛さから、セラピーに抵抗を示すこともよくあります。来たいけれど来たくない、変わりたいけれど変わりたくない、自分の心の問題に取り組みたいけれど取り組みたくないというふうに、相反する気持ちが混在していることはよくあります。そうした抵抗のために「もう来ません」と言っているのだったらどうでしょう。その抵抗を乗り越えてこそ、問題の改善が見込めるのであれば、〈わかりました〉とその申し出をただ受け入れてしまうのは、もったいない話です。クライエントが自分の課題への取り組みを続けられるように、そこを乗り越えることが大事なのだと辛抱強く励ますことが必要です。終結のときに「今まで、途中で何度やめようと思ったかわかりません。でも、やめずに頑張ってよかったです」と言うクライエントもいるのですから。

こんな場合もあります。幼い頃に親から見捨てられたと感じているクライエントがいたとしましょう。一年間通ってきて、ラポールもつき、深い話もできるようになってきて、うまく行っていると思っていた矢先に無断キャンセルになり、セラピストは不思議に思っていました。深い話をする中でクライエントは、「セラピストもいつか私を裏切るのではないか」という気持ちになっていたのかもしれません。そして、見捨てられるくらいなら、自分のほうから身を引いたほうが安全だと考えて、もう行かないことに決めたのかもしれません。つまり、転移が起きているのです。

この場合、セラピストが何も連絡しなかったらどうでしょうか。クライエントは、「セラピストは何も言ってこない。ああ、やっぱり私は見捨てられたんだ」と確信するかもしれません。これで終わってよいものかどうか。来なくなったことがこのような転移による可能性があるとセラピストが気づけば、そのことをクライエントに伝えることで中断の危機を乗り切ることができると思います。

Q199 無断キャンセルが続いているクライエントに手紙を出してみようと思うのですが、どんなことに留意すべきでしょうか？

A199 簡潔に、丁寧に、自然なタイミングで

電話がよいか、手紙がよいかも迷うところです。話が早いのは電話でしょうが、電話がかかってくることを侵襲的に感じるクライエントもいますし、どんな状態でいるのかわからないこともあります。そうした場合は、手紙のほうがよいでしょう。

内容的には、①時候の挨拶、②その後どうしているのか気にかけているということ、③負担をかけるつもりはないこと、④来られるのであれば、こちらとしてはこういうことができると思っていること、などを書きます。解釈めいたことは手紙には書かないほうがよいでしょう。

そして、なるべく自然なタイミングで出すように工夫します。例えば、夏休みの休室期間前なら、休室期間を知らせる形で手紙を出すとか、セラピストが個人的な都合で休む予定があるという場合に、その連絡を兼ねて出すといったことです。特段そうした出来事がない場合には、〈前回来られてからちょうど一ヵ月が経ちましたが、その後いかがお過ごしでしょうか〉と書くこともできます。

Q200 事例が中断しました。自分のどこが悪かったのかと、かなり落ち込んでいます。

A200 中断のすべてがセラピストのせいというわけではない／中断でも何かできたことはある

中断には、セラピーそのものに由来する中断と由来しない中断とがあります。前者としては、セラピーが深まってきて抵抗が強まった場合、セラピーの効果に疑問を抱いている場合、セラピストのやる気に疑問がある場合、セラピー中のセラピストの一言に傷ついている場合などがあります。後者としては、急な転勤による引っ越しで現実的に来られなくなる場合、経済的理由で続けられない場合、クライエントのモチベーションがもともと高くない場合、周囲の人たちが反対している場合、主訴が急に解消した場合などが考えられます。中断になるのは、すべてがセラピストの対応に問題があったからというわけではありません。過剰に反省して落ち込むよりは、どのような理由であったのかを冷静に分析してみましょう。

その中で、（自分を責めるためではなく）中断に至った要因がセラピストの側にあったとしたら何だろうと考えてみることは大切です。その要因が明確になれば、同様のことが今後起きたときに、自分で気づき、中断を回避できる可能性が高まるでしょうから。

もしクライエントが、「趣味の話や絵を描いたりしているだけで私の問題にどう関係があるんだろう。こんなことをしていて何になるんだろう」というふうに、セラピーの進め方に対して疑問を抱いていたのであれば、今後はやり方について説明したり、クライエントのニーズとセラピストができることのすり合わせをすることも必要でしょう。「セラピストは聞いているだけで、何も言ってくれない」という不満をもっていたのであれば、自分の考えを伝えることが必要でしょう。

セラピストがクライエントの話を傾聴し、色々と感じていても、伝えなければ伝わらないことも多いものです。セラピストとしては伝えているつもりでも、伝わっていない場合もあるでしょう。自分の考えをはっきりと伝えたところ、「初めてセラピストの考えがわかった」という反応があり、それによって中断が回避された例もあります。あるいは、続けるかどうかを迷っていたときに、セラピストが自分の意欲や覚悟を伝えたことで、「そこまで言ってくれるなら」と、クライエントが継続を受け入れた例もあります。

さて、もう一つ考えるべきことは、中断事例であっても、何ができて何が残ったのかを正当に評価することです。中断事例であれば、何もできなかったのと同じだというのは極端すぎます。中断してもできたことは何かあるはずです。（逆に、終結したケースでもすべてができたわけではなく、何かが残る場合もあります。）「何もできなかった」と悲観的にとらえるのでなく、「できた部分もあるのだからこれでよかったのだ」と開き直るのでもなく、何ができて何が残ったかを査定し、言語化すること。これが真の意味での「反省」です。

あとがき

「こうしなければいけない」「こうしてはいけない」。初心者のうちは、心理療法の考え方や進め方について、窮屈な思いを抱いている人も少なくないのではないだろうか。そうした知恵の中には、先達が失敗から学んだことが一杯詰まっているので、学んで損はない。しかし、心理療法は元来もっと自由なものである。

ここ数年は、私も年齢を重ねてきたためか、以前に比べてセラピー場面でずいぶんと自由に振る舞えるようになってきた気がしている。(錯覚かもしれない。) その中で最近、「心理療法はすべてプレイセラピーである」という言葉がふと浮かんできた。この言葉がどの程度妥当であるかは未だ考え中であるが、けっこう当たっているのではないかとも思う。無論、玩具を使ってという意味ではない。心理療法という心の作業は、注意や関心が「ここ(ろ)」に下手に留まり続けるのではなく、「あそ(遊)こ」へと離れていける自由を回復する作業なのではないか。そのために、クライエントとセラピストの二人で何らかの役割を「演じ」、「遊び」を作っていくのが心理療法なのではないか。これについては、これからの歩みの中でさらに考えていくことにしたい。

最近は、統合・折衷的アプローチに親近感を覚え、これまで出かけたことのなかった学会や研修会に出向き、あまり手に取ることのなかった学派の本を積極的に読むようにしているが、これもまた、ある意味で遊びかもしれない。学派間の違いが明らかになる面白味もあるが、実は言葉遣いが違うだけで同じようなことを言っているのではないかと思う点も少なからずあり、興味深い。実践を積んでは考え、少しずつ言葉にしていくスタイルでここまでやってきたが、さらに学び、実践を積む過程で、自分の中からどのような言葉が生まれてくるのかを自分で愉しみにしている。

本書は、縁あって出会うことになった多くの方々と交わした対話が基礎になっています。クライエントの皆さんはもちろん、大学院時代の恩師、スーパーヴァイザーや当時共に学んだ同志、その後、私のことを大目に見ながら付き合ってくれた大学院生やスーパーヴァイジーたち。多くのことを学ばせていただいたことに心から感謝します。

創元社の渡辺明美さんは、本書の刊行を快く引き受けてくださり、何年かかけて孤独に書き上げた文章を社会へと橋渡しする役割を取ってくださいました。著者にとって校正の作業は、編集者との対話でもありますが、よき対話ができたことも含めて御礼を申し上げます。

二〇一五年水無月

竹内健児

本書の感想をお寄せください

投稿フォームはこちらから▶▶▶▶

竹内健児（たけうち　けんじ）

京都大学大学院教育学研究科博士後期課程学修認定退学。トゥレーヌ甲南学園カウンセラー（在仏）、奈良産業大学、京都光華女子大学、徳島大学准教授、立命館大学大学院人間科学研究科教授を歴任。臨床心理士、公認心理師。
主な著書に、『100のワークで学ぶ カウンセリングの見立てと方針』『Q&Aで学ぶ遊戯療法と親面接の考え方・進め方』（創元社）、『ドルトの精神分析入門』（誠信書房）、『事例でわかる心理検査の伝え方・活かし方』『心理検査を支援に繋ぐフィードバック』（いずれも編著、金剛出版）他多数。

Q&Aで学《まな》ぶ
心理療法《しんりりょうほう》の考《かんが》え方《かた》・進《すす》め方《かた》

2015年9月20日　第1版第1刷発行
2024年11月10日　第1版第8刷発行

著　者……………………………………
竹内健児

発行者……………………………………
矢部敬一

発行所……………………………………
株式会社 創元社
https://www.sogensha.co.jp/
本社　〒541-0047 大阪市中央区淡路町4-3-6
Tel.06-6231-9010　Fax.06-6233-3111
東京支店　〒101-0051 東京都千代田区神田神保町1-2 田辺ビル
Tel.03-6811-0662

印刷所……………………………………
株式会社 太洋社

ISBN978-4-422-11597-9